# 民宿店长手册

手把手教你做店长

闫 涛 严风林 著

中国·武汉

# 图书在版编目(CIP)数据

民宿店长手册：手把手教你做店长 / 闫涛, 严风林著. -- 武汉：华中科技大学出版社, 2023.9
ISBN 978-7-5680-9738-3

Ⅰ.①民… Ⅱ.①闫… ②严… Ⅲ.①商店 - 商业管理 - 手册 Ⅳ.①F717-62

中国国家版本馆CIP数据核字(2023)第132627号

民宿店长手册：手把手教你做店长　　　　　　　　　　　　　　　　闫　涛　严风林　著
MINSU DIANZHANG SHOUCE: SHOUBASHOU JIAONI ZUO DIANZHANG

策划编辑：彭霞霞　　　　　　　　　　　　　　　　责任编辑：彭霞霞
封面设计：杨小勤　　　　　　　　　　　　　　　　责任监印：朱　玢

出版发行：华中科技大学出版社（中国·武汉）　　　电　话：(027)81321913
　　　　　武汉市东湖新技术开发区华工科技园　　　邮　编：430223

录　　排：武汉东橙品牌策划设计有限公司
印　　刷：湖北金港彩印有限公司
开　　本：710mm × 1000mm　1/16
印　　张：10.5
字　　数：202千字
版　　次：2023年9月第1版第1次印刷
定　　价：59.80元

本书若有印装质量问题，请向出版社营销中心调换
全国免费服务热线400-6679-118竭诚为您服务
版权所有 侵权必究

# 学前提示

适用人群：刚刚从民宿门店其他岗位晋升为店长的基层管理者，或从传统酒店转投到民宿行业的门店管理者，或在民宿运营过一段时间，经营或管理不理想的民宿店长。

阅读目的：厘清民宿店长的角色定位，了解店长的基本素质要求及岗位职责。

民宿店长是门店运营的核心，一个优秀的店长既是一个有效的总部执行者，又是一个成功的门店经营者。他要带领团队，为顾客提供满意的服务，为公司赢得相应的利润，起着承上启下的重要作用。

民宿的灵魂在于主人。小民宿一般都是将主人的身份与店长的职责合二为一，然而对于体量较大（或者高端、连锁）的民宿来说，主人与店长是不同的角色。在这种场景下，店长就要代替主人（老板）扛起民宿灵魂的重任。

# 自序

20多年来，中国旅游经济的高速发展，改变了国人的生活方式，也颠覆了各文旅行业的商业竞争格局，民宿也不例外。截至2019年，在线民宿预订量已经占到全国住宿行业预订量的18.6%，人们对民宿的需求越来越大。

途家民宿最新发布的《2021春节民宿出游数据报告》显示，春节周边游、深度游市场火爆，超过7成的用户倾向于本地出行；一线和新一线城市的周边热门民宿搜索量超过400%；北京、上海、成都、广州等城市周边出行人次最多；中短途自驾、包个民宿小院过大年成为过节新潮流。

近几年，随着消费升级、居民对旅游住宿的需求日益细分，民宿行业逐渐兴起。我国民宿房源量逐年增多，从2019-2020年中国民宿房源数量排名前十的城市来看，北京、成都和上海的房源量排名前三，数量分别为4.2万家、4万家、3.4万家。

目前，中国的民宿在"大住宿"中的渗透率只有2.5%，相比英国的37%还有很大空间。中国民宿市场未来5年仍有6到8倍增长空间，预计2023年，国内民宿在"大住宿"中的渗透率将达到15%。但与此同时，民宿行业的竞争也会愈发激烈。未来一两年，大批难以在品质和效率上有所突破的民宿将惨遭市场淘汰。

民宿行业经历了一段时间的无序发展后，在2018年经历了大洗牌期，标准化民宿品牌将引领民宿行业发展，一些不规范的个体民宿将被逐步边缘化。下一个阶段，民宿市场将会朝着标准化、智能化、星级化发展。不同于发展初期的散乱，国内民宿行业发展正呈现出市场下沉、个性服务、品牌连锁、管理精进、产业集群五大趋势。

因人们对旅游住宿需求的增大，民宿市场的规模剧增，但并没有有效地扩充民宿从业人员，造成了人员紧缺现象。目前，我国民宿总房量已经超过300万间，所需民宿从业人员将达到60万人，但实际仅有6万多人。

随着新一代90后及Z世代人群成为消费主力军，随之而来的是民宿从1.0以宿为家模式逐渐向游购娱一体化模式的3.0时代发展。

游客的关注度由注重日常使用功能逐步提升到了全场景服务，人们越来越愿意为场景和情感买单。这种场景连接着用户对某种生活方式或生活态度的认知和向往，能够激发用户心里的某种情感，促使用户愿意为商品的溢价付费。

在民宿品牌的定位中，民宿不能没有"主人"。如果缺少了"主人"的概念，就丢失了对生活和人生价值观的诠释。

民宿店长带给客户的是一种温情的服务，民宿店长本身应该是一名有情怀的人。民宿店长经营的不仅是一家店，更是一个家。他将自身的兴趣特长、专业优势以及过往经历，打造成一个专属的故事，这就是一种吸引力。而这种吸引力与民宿店长本身的经营管理能力密不可分。

旅悦集团旗下民宿品牌花筑自2016年开业以来，目前在我国及周边国家已经拥有2000多家民宿，覆盖我国及东南亚地区200多个目的地。如此庞大的民宿品牌连锁，需要拥有一套完善的经营管理体系。

基于旅悦集团在民宿行业多年的运营深耕，通过利用互联网经营理念及线上民宿运营经验，向民宿店长提供统一的、标准的、专业的民宿运营技能培训；利用能力赋能，让民宿店长的日常民宿运营工作更职业，操作步骤更统一、更标准，提升游客入住体验，为门店带来更大的收益。

# 目录

## Chapter 01
**认知店长角色：民宿店长的基本素质要求** ----- 9

民宿的概念：民宿与传统酒店的差异 ------------- 11
确认身份：民宿店长的角色 --------------------- 13
民宿店长岗位职责 ----------------------------- 15
民宿店长应有的能力 --------------------------- 16
民宿店长不能有的品质 ------------------------- 20

## Chapter 02
**民宿店长的一天** --------------------------- 21

民宿店长的工作重点 --------------------------- 23
民宿店长每日工作流程 ------------------------- 30

## Chapter 03
**民宿店长对客服务技能** --------------------- 33

前台操作流程与标准 --------------------------- 35
客房操作流程与标准 --------------------------- 48
民宿特色服务操作标准 ------------------------- 55
与顾客沟通的"九大技巧" ----------------------- 57
维护民宿客户关系之前，先摒弃这六大陋习 ------- 60

# Chapter 04
## 民宿店长线上营销技能 ---------------------- 63

做好线上营销的前提条件 ------------------ 64
渠道运营策略如何选择 -------------------- 66
新上线的店家,该如何开始运营 ------------ 75
OTA后台维护与管理 ---------------------- 78
所有OTA玩法实质=曝光量×转化率 -------- 82
怎样比别人获取更多的搜索流量 ------------ 90
影响点击转化率因素有哪些 ---------------- 95
简介就是文案,能够吸引人的简介是什么样子 ---- 105
五分的点评分是怎样炼成的 ---------------- 112
怎样利用问答信息做好转化率 -------------- 117

# Chapter 05
## 民宿店长线下销售技能 -------------------- 119

协议客户开发 ---------------------------- 120
私域流量搭建 ---------------------------- 123

# Chapter 06
## 民宿运营成本管理与控制 ------------------ 127

成本的基本概念 -------------------------- 128
什么是成本控制 -------------------------- 130
单方成本控制的前提与误区 ---------------- 131
单房成本控制的有效方法 ------------------ 132

# Chapter 07
## 民宿店长收益管理技能 ---------------------- 135

  收益管理策略 ---------------------------------- 136
  OTA制胜秘诀 ---------------------------------- 140
  坚持召开收益管理日例会,往前看,往前用力 ------ 143
  民宿的房控收益管理 --------------------------- 143
  如何看准涨价信号 ----------------------------- 146
  民宿经营如何利用好细分市场 ------------------- 149

# Chapter 08
## 民宿店长投诉应对技能 ---------------------- 153

  客人投诉的心理表现 --------------------------- 155
  常见的投诉原因 ------------------------------- 156
  常见的投诉类型 ------------------------------- 156
  处理投诉的基本原则 --------------------------- 157
  如何解决客人的问题 --------------------------- 157
  处理投诉的方法 ------------------------------- 158
  高效处理投诉的方法 --------------------------- 159
  高效处理投诉技巧 ----------------------------- 160
  处理投诉的注意事项 --------------------------- 163
  常见的客诉处理服务案例 ----------------------- 163

Chapter 01

# 认知店长角色
## 民宿店长的基本素质要求

一般情况下，民宿对人才的要求是要高度专业化，每个部门和每个人各负其责，同时互相配合。但是民宿根本没有那么多的员工，人力成本是民宿的重要成本。在这种情况下，一人多岗、一人多责成为常态。

民宿店长更是当仁不让，在规模较小的民宿里，店长不但要懂OTA运营、会做自媒体，还要直接接待客户，甚至还要担任厨师、保洁员、园艺师、水电工、泥瓦工等角色。

相对于酒店的专业化，民宿更注重店长能力的综合性。而这种能力要求时间跨度大，掌握难度高，会管理的店长不一定会营销，会营销的店长又不一定做得来后期保障，很难找到集所有特长于一身的店长。

▷ 以独特的美学设计民宿

# 民宿的概念：
# 民宿与传统酒店的差异

## 1. 民宿的崛起

有没有发现身边很多朋友出去旅行不一定会住酒店，而是选择住民宿，住民宿成了出游中时髦的一件事情。随着千禧一代和Z世代消费群体成为当前市场的消费主力军，以及互联网与数字经济的全面加速，用户都通过数字渠道看内容。民宿一般建立在风景环境优美的地方，利用独特的美学设计、丰富多彩的休闲在地体验、个性化的用心服务，让人有一种置身于世外桃源的感受，在新媒体的市场环境中更能体现出每一家民宿主人的梦、当地的情、天然的景。它通过美丽的照片及视频，真正触动现代都市旅客追求返璞归真的欲望。

## 2. 民宿与酒店的区别

民宿不是传统的酒店。站在全新的市场，民宿既要保留和沉淀个性化居住体验，还要继承酒店本有的标准化和专业化服务，完美地迎合当前市场的用户需求。

▷ 千禧一代和Z世代消费群体是当前市场的消费主力军

▷ 拥有独特美学设计的民宿

民宿在结合当地的自然、人文景观的基础上，以独特的建筑风格、精美的客房装修，以及民宿主人的服务热情，为游客营造出或浪漫温馨、或古典庄重、或异域风情等不同的感官及场景体验，体现了主人不同的个性和风格；而酒店是为客户提供一个安全、舒适的环境，使客户得到短时间休息的空间商业机构。

▷ 民宿与酒店的区别

走进民宿，扑面而来的茶马古道、代代相传的微韵竹编，瞬间让人融入当地生活中，用心的民宿主人会把院子打理得像花一样。静下心泡壶好茶，背起包山中踏青，邀朋友开船海钓，体验魅力扎染。不同的居住场所，不同的生活方式，无论是历史文化、民宿文化、艺术文化，还是饮食文化，民宿主人都希望消费者在民宿中可以得到最地道、最正宗的本地体验，希望每一位消费者来到民宿后，都可以感受到惊喜。

所以说，住进民宿，就代表你住进了不同风景里的家，感受不一样的生活乐趣和状态。对于民宿的市场定位、品牌理念、产品特色，民宿店长需要做的，就是更多地去了解和洞察那些为诗和远方买单的人。

# 确认身份：民宿店长的角色

### 1. 民宿形象代言人

民宿店长的言行代表民宿品牌。优秀的民宿店长不应仅仅局限于拥有行政权，还必须拥有专家权和典范权。他是优秀民宿形象的代言人，也是优秀民宿形象的缔造者。

### 2. 民宿门店代表人

在民宿，代表者就是店长。同时，在员工的面前，代表民宿主人的同样还是店长，因为民宿员工见到的最高层领导就是店长。

### 3. 政策执行者

店长是民宿政策的执行者。所制定的人事制度、营销计划、价格政策，以及对门店日常工作的基本要求，都必须通过店长分配、执行和检查，这是保证门店整体性的基本要求。

### 4. 经营目标的实现者

一家良性经营的民宿，必须盈利才能证明店长的价值。而在实现目标的过程中，店长的管理和以身作则将是极其重要的。所以，经营目标的实现，50%是依赖店长的优异表现。

### 5. 门店的指挥者

再小的民宿也有一个集体，必须有一个指挥者，而店长只有拥有良好的管理方法才能使民宿良性运营。店长不但要发挥自己的才能，还要承担指挥其他员工的责任，保证每一个员工都能发挥才能。必须用店长自己的行动、思想来影响员工，而不是让员工影响店长的判断和思维。

除了管理员工，店长还要有很强的影响力，要不断地与店员沟通，把好的思想、方法不断地传播给店员，并用自己的行动、思想来影响店员，让店员主动把工作做好，以达到高效的管理水平。

### 6. 绩效管理者

检查是控制的最好手段。一般员工不会自己主动想事情或找事情去做，只会按照标准的 SOP（标准作业程序）做事情。门店的运营水平是做出来的，但也是通过检查来保持的。

### 7. 员工培训者

如何更高效地对员工进行培训？最好的办法就是现场培训——随时、随地指导。店长要将自身长期的经验总结成具有体系化的培训教材，这也是店长自我提升的一种方式。同时，店长应注重培养人才，这是建立职场关系的一个好方法。总之，不会培训员工的店长不是好店长。

### 8. 问题协调与终结者

在民宿经营过程中，客户与门店之间难免会有相应的矛盾和问题，这时候就需要店长从全局考虑，扮演好协调者的角色。

# 民宿店长岗位职责

（1）全面负责经营管理，带领门店全体员工努力工作，完成各项经营目标。

（2）明确门店员工职责，做好员工的工作任务分工及管理工作，并监督执行。

（3）对行业和市场具有高度的敏感性，制定门店经营提升计划，根据经营计划完成情况及时采取有效对策，并完成经营目标。

（4）负责门店的安全、卫生和服务的管理工作，有效地安排并监督相关工作的执行，确保门店经营顺利，提升宾客满意度。

（5）负责维护民宿对外的公共关系，塑造良好的内部及外部形象，妥善处理顾客投诉和服务工作中所发生的各种矛盾。

（6）日常做好与民宿外围关系、业主/房东的沟通协调工作。

（7）严控成本费用，监督民宿消耗品的供货、消耗情况，避免浪费以及不必要的开支。

（8）掌握民宿各种设备的维护保养知识。

（9）做好员工的培训管理工作，确保员工能够按照要求完成工作。

（10）关心员工的思想和生活，不断改善员工的工作条件。

# 民宿店长应有的能力

### 1. 销售能力

民宿店长是民宿的核心。一家民宿能否盈利，重点体现在民宿店长的销售能力上。店长的销售能力是对民宿主、投资人最硬核的 KPI 考核。虽然一般民宿的房间体量较小，大多在 10 间左右，但是随着民宿市场的兴起，民宿之间的竞争更加激烈，店长的销售能力决定了民宿的收益情况。

民宿店长的销售能力一般体现在以下三个方面。

第一，线上渠道开发拓展。不同的民宿有着不同的客户结构和目标客源画像，现有的 OTA 平台自身的客源结构也不同，如何快速、精准地找到最适合自己的销售平台体现着店长的判断力及开拓能力。

第二，点评的维护。线上客户的点评是影响其他用户下单转化的重要因素之一，除了需要与平台的业务经理保持良好的沟通，及时、个性化的回复点评也是一种非常重要的维护方式。尤其当出现差评时，如何回复极为重要。

第三，收益定价。结合市场行情、周边竞争对手以及自己民宿当前的出租情况，对民宿的价格进行合理、动态调整，做到收益的最大化。

### 2. 培训指导的能力

民宿店长不仅要个人能力强，还要带领团队一起变强，这就要求店长具有很好的组织协调能力，确保整个团队良好地运转起来。通过发现员工的不足，并帮助员工提高能力和素质，使其发挥最大的才能，协助团队扭转固有观念，从而提高门店收益。

有的店长常常抱怨现在员工没有以前听话，管理人员水平也不够，往往还会将原因归结为人力资源部门的培训不够。其实，门店的员工或基层管理的培训，最好就是现场培训———随时、随地指导，但现场培训的前提是店长自身能力要过硬。

### 3. 数据运营能力

不同于其他销售渠道，OTA 平台能为我们提供详尽的数据，包括流量、转化率、客户数据、竞争对手数据等。

OTA 平台打破了民宿与客户之间的信息不对称性，只要客户想预订，平台就会向客户展示海量的民宿信息，这也间接加剧了线上竞争的激烈程度。

民宿店长不仅要看得懂这些数据，掌握日常各项财务报表、经营数据的透视与分析，更要懂得如何利用这些数据对经营状况进行诊断评估，以数据作为决策依据，不断调整线上的运营策略，在价格制定、产品包装、营销推广等各个方面做好竞争对手分析，不断学习与超越对手。

### 4. 目标达成能力

成功型民宿店长很清楚地知道自己要的市场、进度、时间、方式，并有效地通过一些可行的措施来达成自己设立的目标。

首先，把大目标逐步地分解出无数个小目标，一个个地去击破。为达成目标，店长须拥有组织能力和凝聚力，以及管理员工的能力。

其次，作为位居市场一线的指挥官，民宿店长一定是一个时刻准备好行动的人，遇到任何问题都会积极主动地寻求解决办法，面对机会迅速行动，面对困难亦决不退缩。

每天、每周、每月，民宿店长须围绕民宿经营业绩目标、品牌管理目标和团队打造目标而努力，并且愿意为最终结果负责。

### 5. 执行能力

店长是一家门店的领导者，也是执行者。对于营销计划、价格政策、日常工作的基本要求，都要通过店长分配、执行和检查。

对于店长来说，他自身要熟悉各个部门的工作内容，有相应的执行能力，如此才能更好地指导基层员工，落实总部或更高层的指令，保证门店运营的品质。

很多门店一天的工作是这样开始的：在准备工作做完、开店迎客之前，很多店长都会开早会，总结昨天的销售情况，分享成功的销售经验，分配当天的工作。

虽然门店各部门有各自的职责，每个人都清楚自己该做什么，但店长的作用就像百米赛跑的发令官，总要说一声"我们开始吧"。

遇到任何突发状况，店长要有能力去指挥员工解决问题，满足客户需求，但同时又能创造一定的经营利润。

管理的方式不要局限和拘泥于形式，但要遵守企业的规定，特别是对于服务管理工作，更应做到实处，讲究实际。执行时要经历一个过程，落实是执行的保障。

每一位民宿店长要多问自己做到了吗？做了多少？能不能再提高？能不能再深入挖潜？以提升民宿品牌价值和服务价值。

"细心"即为在日常工作中高效执行和保障效果，处处以民宿运营的要求和标准提前做好、做到位、做到精确化，站在全局和战略高度思考问题。

## 6. 经营规划能力

在民宿日常经营中，店长的经营规划能力在很小的民宿中会被忽视，会更加强调执行的角色。前面谈到，即使是整体的营销政策，到了门店店长的手上，店长也要制定好执行的方案，这是一个规划的过程。

根据民宿位置、周边环境、淡旺季流量的不同，店长还要有季节营销计划和竞争店计划，既要能带团队冲锋陷阵，也要学会运筹帷幄。

营业时有高峰期、缓和期之分，其中以高峰期最为重要。因为服务人员与顾客接触最频繁，店长必须负起总指挥的责任，安排好各部门、各班次服务人员的工作，监督服务人员的工作流程，严格依照公司下达的各门店运营计划推动工作。

### 7. 协调控制能力

店长应具有处理各种问题的耐心与技巧，例如与顾客沟通、与员工沟通、与民宿业主沟通等方面，这些都是店长万万不能忽视的。店长要掌握协调沟通的技巧，以更好地处理各种关系。

检查是控制的最好手段。绝大多数人不会做你期望他做的事情，只会做你检查的事情，门店的运营水平是做出来的，但要通过检查来保持。

民宿业主来到门店，诸如发现地上有一摊水、前台顾客"排长龙"等现象，问"为什么"的时候，有的店长一脸委屈：刚刚经过的时候还不是这样的——好的时候领导看不见，一有问题领导就出现。

其实，这也是店长控制能力不足的体现，店长要制定门店日常的检查监督机制。

### 8. 敢于担当的能力

试想一下，如果我们在一间餐厅里吃饭，突然发现菜盘里有半条青虫，我们会找谁？去找厨师吗？找服务员吗？不会。我们一定怒气冲冲地说："让你们经理出来！"

为什么会让经理出来，因为在顾客眼里，只有经理才能代表这家餐厅。同样在民宿里，代表者不是这家公司的总经理，就是店长。

在员工的面前，谁代表公司？同样还是店长。因为很多员工见到的民宿最高层的管理者可能就是店长了。

在任何一家民宿，店长必须承担销售任务，他是业绩的责任者，每天、每周、每月，他都要围绕民宿经营业绩目标而努力，并为最终结果负责。

民宿内还有一个关键责任，即门店的消防责任。几乎所有的民宿店长都是该店的消防责任者，这点很关键，但常常会被店长忽略。一旦发生火灾，除了直接的责任人，公司的法人代表、店长都是责任者。

### 9. 财务分析能力

店长不能只会"喊打喊杀"，学点财务知识是必须的。店长除了要具备现场管理的能力，还要会算账，知道门店赚在哪里，亏在什么地方，损耗是否过高，控制损耗率、人力成本、运营成本。这样的店长才是会经营的店长，这样经营的店才能赚钱。

# 民宿店长不能有的品质

（1）逃避汇报，自作主张（指突发性的问题）。

（2）推卸责任，逃避责任。

（3）抱怨现状，营造负面情绪。

（4）不设立目标，不相信自己和店员可以创造经营奇迹。

（5）有功劳时，独自享受。

（6）不擅长运用店员的长处，只看到店员的短处。

（7）不愿训练店员，阻止店员超越自己。

（8）面对民宿业主，报喜不报忧，专挑利好信息。

（9）不愿严格管理员工，只想做老好人。

Chapter
02

民宿店长的一天

客户来到店里会有一种持续性的感受,这里的一点一滴,每一个动作和细节都可以让客户感动、满意或者觉得不足。所以对于一名店长来讲,抓住每一个细节才是最重要的事情,比如餐食的口味、环境氛围、员工的服务热情和态度。做好了所有的细节,也就自然而然地形成了民宿的品牌和口碑。

既然是在民宿做店长,自然得有主人翁意识,需要陪民宿客户侃天说地、休闲娱乐。因此,作为民宿的店长,除了友善亲和,还应该展现出特长或才艺,例如策划组织一场活动。

民宿店长的工作不全是谈天说地,更多的时候是提供事无巨细的服务,进行沟通和基础性的重复工作,解决各种需求和帮助。

▷ 拥有独特美学设计的民宿

# 民宿店长的工作重点

## 1. 民宿店长每日工作内容

### 1）门店检查

【操作步骤】

（1）人员检查：根据排班表，查看当天到岗人员情况，检查打卡考勤及仪容仪表情况。

（2）交接班记录：查看交接班记录，确认备用金及特殊待跟进事项。

（3）门店巡查。

① 从外到内巡查整个民宿的设施、环境卫生（停车场、外立面、大堂、餐厅、电梯、公区、客房）与安全情况，并填写门店每日安全检查表。

② 巡查安全疏散通道、疏散指示标志、应急照明和安全出口情况。

③ 巡查消防安全重点部位的管理情况。

④ 排查易燃易爆危险物品，巡查场所防火防爆措施的落实情况和其他重要物资的防火安全情况。

⑤ 巡查施工或维修人员，以及其他员工对消防知识的掌握情况。

⑥ 巡查监控室设施运行、记录情况，遇到故障或问题要及时维修。

### 2）数据分析

【操作步骤】

（1）昨日数据分析：查看夜审数据，了解出租率、平均房价、收益、客源结构、水电、能耗、易耗品销量等收入、成本项，发现经营方面的问题。

（2）打开后台系统，了解当天的预订和房态信息，以及预离情况，预估当天客源流量，提前做好可售房销售的工作安排。

（3）关注当日特殊客户：过生日、度蜜月等的VIP客户，以及被列入黑名单的客户（系统有不良入住记录的客户），提前做好相应工作准备。

（4）根据后台系统查看点评分数、新增情况及详细点评内容，及时进行点评回复，挑选优秀及差评案例进行重点分析。

## 3）晨会

**【操作步骤】**

（1）通过检查、数据分析，做好开会前的准备工作。

（2）有针对性地开晨会，并做好晨会记录。

**【注意事项】**

（1）鼓舞员工。

（2）明确当天的销售目标。

（3）明确服务注意事项和点评邀请计划。

## 4）门店服务

（1）前台服务。

① 查看预订信息，编辑温馨提示信息（如门店位置、天气情况、注意事项等）发送给当日、次日预抵的客户，开始最基本的沟通交流。

② 在客户退房及入住高峰期间，协助前台接待客户、办理入离，询问客户的入住感受，对于客户的意见和建议现场协调解决。

（2）客房服务。

① 每个客房每天都应检查一次，检查重点是客房卫生情况及各种设备设置的状态，以防损坏的物品给客户带来不便。

② 针对客户预订时所提到的特殊需求（如房间布置、设备添加等）进行确认。

③ 检查欢迎果盘、晚安牛奶等对客服务产品的品质及数量，避免产品过期问题、品质问题和库存问题。

（3）餐厅服务。

① 检查开餐时间，以及早餐品种、数量、质量、保温及摆放美观程度，不允许出现断档或者开餐延迟的情况。

② 检查厨房卫生及餐厅环境布置情况（如温度、卫生、装饰、电视节目、空气）。

③ 招呼客户享用早餐，与客户交流入住的感受和体验并记录，对于发现的问题应当即进行整改。与客户交流很重要，通过面对面沟通，可以直接了解客户对门店的评价，提升服务。

（4）环境氛围。

在不同时段检查门店大堂背景音乐是否符合当时的氛围。

## 5）销售及协调工作

【操作步骤】

（1）业务沟通：与中介、旅行社、重要公司客户、业主或重要客户进行沟通。

（2）外联销售：异业联盟合作沟通。

（3）新媒体内容营销：新媒体推文、不同主题活动的营销活动策划方案制作等。店长应作为门店宣传代表，讲述门店的服务理念及生活方式。

## 6）内控管理

【操作步骤】

（1）前台管理。

① 分早、中、晚三次检查，做好销售准备。

② 检查前台工作是否符合标准规范。

（2）客房管理。

① 对客房清扫进度及布草进行管理。当洗涤公司人员清点布草无误后，监督其将脏布草进行分类并用布草袋封装，不允许其直接拖拉脏布草或将脏布草堆放在电梯口及客房走廊，应及时运离楼层。

② 对所有客房进行清洁质量检查（包含入住客房、空房），当场打分评比并记录奖罚结果。

## 7）工作日总结

**【操作步骤】**

（1）销售：检查房态，预订和实住情况、二销情况及转化率，微信关注及点评新增情况。若当日出租率未达到预算指标，应及时做好线上销售价格调整及增加促销活动。

（2）夜查：垃圾不过夜，照明、安防标识、供水供电等工程问题，晚间特色服务的落实及品质检查。

（3）账务处理：当天账务核对，整理收入和支出项，收集餐厅、前台、客房等产生的费用票据，为每周发票报销做准备。

（4）当日工作总结：检查人员是否存在早退、脱岗情况；次日早餐备货情况；各部门当日工作完成情况；入住情况；做好下属的考核登记，对表现好的人员通报表扬。

## 2. 民宿店长每周工作内容

### 1）对门店前台、公共区域设施设备进行检查

具体检查内容及标准如下所示。

（1）楼梯。

① 平时保持扶手表面清洁光滑、阶梯清洁，无烟头、纸屑、杂物或水迹等。

② 发现污迹后应随时清扫干净，注意在客户较少时进行清洁。

③ 吸干净扶梯内外边角处的灰尘。

④ 下雨时应及时铺上防滑垫，擦干雨水。

（2）通道墙面/通道门。

保持干净，无色差、水印、破损。

（3）吊顶/空调。

① 每天擦拭空调出风口和进风口，定期清洗空调过滤网。

② 吊顶表面无灰尘、污渍、蜘蛛网。

（4）公共区域。

① 沙发吸尘（包括坐垫下、沙发下）。

② 擦拭整个服务台外侧。

③ 给玻璃门地弹簧、拉手上不锈钢油。

（5）公共客厕。

① 保持空气清新、无异味，洁具清洁、卫生、干燥。

② 保持五金件光亮，镜子、墙面干净、无灰尘和污渍。

③ 保持地面干净，无毛发、无灰尘、无污渍、无水迹、无虫害，以及地漏清洁无异味。

④ 保持台面干净、无水迹，皂液充足。

（6）植物。

① 拣去花盆内的烟蒂杂物。

② 及时剪除枯萎凋谢的花枝。

③ 定时浇水，护理植物。

## 2）每周定期检查客房

每周定期检查客房窗户、电视、空调、家具、洁具、灯具，具体标准如下所示。

（1）客房整体硬件设施。

① 房间内空调进风、排风，卫生间排风。

② 房间内窗户、镜子、墙纸（墙壁四周、天花角落蛛网）、不锈钢大清洁。

③ 房间内踢脚线清洁。

④ 地板边角、玻璃内窗清洁。

⑤ 灯（灯泡、灯罩、灯杆、底座抛光）、卫生间瓷砖清洁。

⑥ 家具内外、茶几、沙发脚等卫生死角区域无垃圾、无灰尘。

（2）客房卫生间。

① 坐厕水箱及出水孔清洁，卫生间硅胶、花洒表面清洁，卫生间地漏、面池出水口清洁。

② 溢水口、下水口清洁。

### 3）组织并举行门店周例会

（1）对上期周会涉及传达和落实的工作进行跟进。

（2）针对门店检查的问题进行通报，提出整改意见并给出时间节点。

（3）对员工做流程培训或技能优化指导。

### 4）工作整改及汇报

（1）质检检查或自查整改计划分解到周的计划完成情况和落实情况。

（2）将当周门店情况向加盟商进行汇报。

### 5）周总结

（1）分析本周预算达成情况。

① 经营方面：结合预算指标，针对出租率和平均房价的完成情况分析本周经营数据。同时可参照去年同期数据进行比较，分析周边市场客源的变化规律及方向。

② 收入方面：结合客房收入、会员卡收入、餐厅收入及杂费收入完成率，对相应部门进行培训和整改，切实做到各司其职，做事情到位、不越位，坚持不懈地将自己的本职工作做好。

③ 客源结构分析：结合报表中客源结构的统计，分析主要客源类型的入住情况，进行客源优化。

④ 销售工作开展情况：协议开发和维护完成情况，电话回访完成情况，异业联盟开发和维护情况，会员卡销售情况，短信发放情况，单页发放和回收情况。

⑤ 对下周经营情况进行预估，并对下周门店指标进行分解，包括经营指标、收入指标、会员卡销售指标、销售工作指标。

（2）门店的日程培训与考核。

① 日常制定的培训计划和落实情况（如每周二下午 14:00 召开门店全体员工培训会议）。

② 在前台亲自办理入住和离店结账，并按标准演示给前台员工。

③ 跟踪检查前台外宾登记是否规范及存档。

## 3. 民宿店长每月工作内容

### 1）核对及分析工作

（1）财务工作：发票税务申报、营业款、OTA 等渠道审核。

（2）经营分析及汇报：分析月维度经营报表，结合问题给出整改意见，并将情况向公司和业主做汇报。

（3）门店回款：核对门店回款金额，并做挂账月结公司的结算与收款工作。

### 2）自查及盘点工作

（1）民宿的全面自查工作和每半月的夜查工作，并填写国内运营质检表。

（2）月度盘点：使用公司规范文档对工程、前台、易耗品、固定资产、会员物料等进行相关的盘点工作。

### 3）员工大会及培训

（1）召开门店月度会议，同步门店运营情况（注意敏感数据保密），做好员工鼓励和问题指导工作。

（2）每月需要根据具体业务内容安排门店日程培训计划。

# 民宿店长每日工作流程

### 1. 07:50-08:10 班前检查

（1）在上岗前要检查自身及员工仪容仪表，包括妆容及服饰是否符合要求。

（2）前往前台检查前台交接班本，了解当日交接具体事情，以及当日需要紧急处理的事情。询问前台有无其他需要协助的事项。

（3）主持客房班前会，告知当日房间清洁情况及计划卫生项目，如果门店配有客房经理或主管，店长仅需要旁听客房早晨会，并对当日的计划卫生项目进行记录，便于查房时重点关注。

### 2. 08:10-08:30 早餐开餐巡检

（1）前往餐厅，检查餐厅服务员及厨师仪容仪表、接待服务标准。

（2）巡视餐厅环境卫生，检查环境布置是否符合标准，检查餐具的卫生及配备情况，检查餐厅菜品数量、质量情况。进入厨房检查开餐时的卫生情况是否符合标准。

（3）帮助餐厅服务员做好早餐服务工作，招呼客户用早餐，同时主动与用餐客户交流，了解客户对早餐的满意度。

### 3. 08:30-08:50 楼层或公区卫生巡检

（1）检查楼层或公区卫生清洁情况，对不符合卫生清洁标准的区域做好记录，并及时告知服务员进行返工清洁。

（2）查看客房服务员工作表填写情况。重点关注进门、出门时间，以及客耗品补充记录的填写。

（3）检查布草间物品摆放是否符合标准，并做好记录。

（4）检查楼层消防设备（灭火器、消防栓）、安全设备运行情况，发现问题后及时与工程相关人员联系进行维修或更换。

### 4. 08:50-09:30 经营数据分析

（1）前一天的经营数据，包含门店单房收益（REVPAR）、出租率、平均房价、客源分析等，与上周数据进行环比分析。

（2）掌握次日预售情况，了解当日房态情况（预订、预离），向当日、次日两日预抵客户推送温馨提示信息。

（3）对门店特殊账务订单进行核查，记录应收账款情况，避免出现划账额度超支的情况。

### 5. 09:30-10:30 检查合作渠道房态、房价状态及对竞对的情况分析

（1）检查未来 7 天线上渠道价格及库存情况，根据门店未来实际情况进行调整。

（2）线上数据维护，看一下整体的排名情况、市场热度以及核心 OTA 渠道后台付费推广板块提供的各种信息，比如为民宿量身定制民宿商户画像、商圈竞争力分析报告。有针对性地对民宿后台数据进行优化。

（3）检查各平台前一天的预订情况，防止客户到店无房，降低被投诉的可能性。

（4）查看竞争对手当天房价和房型，随时调整当天房间或价格，检查平台的房价体系及门店的预订状况。

（5）检查前一天已完成的客户评价并作回复，统计评论类型。如果发现客户的需求和门店存在的问题，应及时解决并传达给其他员工，避免再次发生，并对尚未回复的点评进行评价回复。

### 6. 10:30-13:30 前台工作支持

（1）接待顾客、退房、开发票、宾客意见征询。

（2）替换前台员工午餐用餐，确保门店随时为客户提供入住、退房、问询等服务。

### 7. 13:30-14:30 客房查房

（1）巡视服务员清扫流程，现场培训服务员基本操作流程。

（2）检查客房卫生，确保客房卫生及物品摆放达标，检查客房设备设施的使用情况，若出现问题，要及时维修或更换，及时对可售房状态进行更新。

（3）检查客户特殊需求的房间布置或设备设置的放置情况。

（4）监督洗涤厂布草交接（检查数量和洗涤质量）。

### 8. 14:30-16:30 门店销售

（1）外出洽谈异业联盟合作及周边公司、旅行社合作协议签署等。

（2）走访周边运营门店，了解门店经营情况或掌握周边门店开业、装修、易主等最新信息。

### 9. 16:30-19:00 经营指标跟进及服务

（1）检查各 OTA 平台当日入住订单的预订，防止产生遗漏预订，确保在进客高峰期间前台查到客户预订信息，避免发生到店无预订的投诉。

（2）随时关注房态，及时关房或调降价。市场热度较高时，按照阶梯的房型关房，尽可能提高当天的入住率。

（3）关注各平台是否有可参加的促销活动，比如金字塔这类促销活动，曝光度、转化率都比较高。

（4）检查当日入住人员公安信息登记及退住情况。

（5）接待及服务客户（含替换晚餐时间）。

### 10. 19:00-20:00 当日工作总结

（1）总结当天的工作状况，整理当天各项 OTA 数据。如果出现了问题，应在次日晨会上进行复盘说明，并针对这些数据做精准的调控措施。

（2）准备次日工作计划。

（3）店内各区域巡视，对晚间特色服务的落实及品质进行检查。

Chapter 03

民宿店长对客服务技能

**民宿店长手册** 手把手教你做店长

民宿不仅是一种情怀，更是一种用主人的身份融合环境、产品、服务，从而给客户带来的美好体验。在日常的运营管理工作中，应建立SOP（标准化操作），尽可能将对客服务操作步骤进行细化、量化和优化。同时，这些服务标准动作将是民宿最基础、最有效的管理工具和技能数据。

▷ 拥有独特美学设计的民宿

# 前台操作流程与标准

## 1. 电话接听流程标准

| 工作步骤 | 工作流程 |
| --- | --- |
| 接听电话 | ① 铃响三声之内接听电话；<br>② 切勿用脖子夹着话筒接听；<br>③ 左手持话筒，右手记录；<br>④ 负责接听电话的人员应提前准备笔记本或便笺纸；<br>⑤ 如果超过三声后接听，礼貌性向客户表示歉意，话术为"对不起，让您久等了" |
| 电话问候 | 语言清晰，避免使用方言接听，话术为"早上/下午/晚上好，XX民宿，请问有什么可以帮您" |
| 聆听和记录 | ① 耐心聆听来电者的提问和需求；<br>② 及时记录相关信息；<br>③ 及时回答来电者的询问；<br>④ 根据来电者需求提供帮助 |
| 礼貌道别 | 礼貌地向客户道别，客户先挂断电话后前台再挂断电话 |

## 2. 拨打电话流程标准

| 工作步骤 | 工作流程 |
| --- | --- |
| 拨打电话 | ① 仔细检查号码，正确拨打；<br>② 禁止使用免提 |
| 礼貌通话 | ① 电话接通后，首先要自我介绍；<br>② 说明来意；<br>③ 语速适中，适时做好记录；<br>④ 事先做好交通、娱乐、餐饮、商务、医疗等周边情况的问讯资料库；<br>⑤ 做到首问负责制，如因权限问题或者信息不够，不能立即回复客户的，必须与客户确认一个回复的时间，并亲自及时回复（疑难问题10分钟内回复） |
| 礼貌道别 | 礼貌地向客户道别，客户先挂断电话后前台再挂断电话 |

## 3. 电话转接流程标准

| 工作步骤 | 工作流程 |
| --- | --- |
| 了解来电者 | ① 转接前,须和客户确认转接房号、住店客户的姓氏,以及来电者的姓氏;<br>② 迅速查看系统,以确定是否有要找的房号及客户;<br>③ 如提供姓名或房号有误,礼貌告之来电人另行联系客户(查无此人);<br>④ 接听人员在任何时候都不可以透露住店客户的姓名、房号等信息;<br>⑤ 如住店客户要求设置保密,无论任何情况,都须告诉来访者"查无此人",除非有当地政府机构授权 |
| 转接等候 | ① 请来电者稍候;<br>② 询问住店客户是否同意接听 |
| 转接 | ① 住店客户同意后,按系统设置,直接转接电话;<br>② 标准用语为"请您稍等,不要挂机,马上为您转接" |
| 电话无人接听或拒绝接听 | ① 当对方没有人接听,铃响六声后,将电话转回,向来电客户说明,并询问来电客户是否需要留言或者有无其他需求;<br>② 如客户拒绝接听,委婉回复来电人房内无应答,则询问来电人是否需要留言或者有无其他需求;<br>③ 根据来电者需求完成后续工作;<br>④ 切勿向来电者提供住客的信息,如姓名、房号等 |
| 忙音 | 回复来电人话术为"抱歉,电话正忙,请您稍后再拨或帮您转接其他分机,谢谢" |
| 道别致谢 | ① 礼貌道别;<br>② 等客户挂完电话后方可挂断电话 |

## 4. 散客电话预订服务标准

| 工作步骤 | 工作流程 | 备注 |
| --- | --- | --- |
| 问询宾客需求 | ① 电话预订话术为"您好！XX 民宿，很高兴为您服务"；<br>② 上门预订话术为"您好！先生/女士，有什么可以帮您"；<br>③ 询问宾客的需求，询问是否是会员；<br>④ 询问宾客入住天数、房型、间数、入住人数 | ① 语言亲切，语音清晰；<br>② 宾客距离前台 3 米时，目光注视宾客点头微笑，示意问候；<br>③ 准确记录宾客需求，在前台系统做好备注 |
| 查询房态 | ① 请宾客稍等，立即查询 PMS 系统房态；<br>② 根据房态判定是否可以接受宾客预订 | 无法满足宾客预订时，向宾客说明原因，同时致歉 |
| 转接 | ① 住店客户同意后，按系统设置，直接转接电话；<br>② 标准用语为"请您稍等，不要挂机，马上为您转接" | — |
| 确认预订 | ① 及时答复宾客，确认预订信息；<br>② 确认房价、联系方式、入住天数等信息；<br>③ 记录保留时间；<br>④ 询问宾客对房间是否有特殊要求。如是否对朝向、隔音等有要求，是否需要接机、接站服务，等等 | ① 如果没有宾客所需房型，可申请授权免费升级；<br>② 如果宾客需要延迟保留时间，可根据出租情况予以接受，或说明预付房费可整晚保留等 |
| 预订复述 | ① 宾客全名（预订人信息、入住人信息）；<br>② 到店日期、入住天数、房型、房数、房价；<br>③ 保留时间、联系电话、房间特殊要求 | ① 确保预订信息准确无误；<br>② 与宾客确认到店时间；<br>③ 与宾客确认付款方式 |
| 道别致谢 | ① 告知客户稍后会有提示短信，提醒客户从机场/火车站到民宿的距离、行车时间及大概车费、入住期间天气状况、出行衣物提示等；<br>② 礼貌道别话术为"先生/女士，感谢您预订 XX 民宿，期待您入住" | 电话预订结束时，待宾客先挂电话 |

## 5. 线上渠道预订流程

| 工作步骤 | 工作流程 | 备注 |
| --- | --- | --- |
| 排房/分房 | 在 OTA 后台查看预订单，了解订单房型、房价、日期等，根据房态情况合理排房/分房 | ① 如遇房型爆单，可申请免费升级；<br>② 当门店出现爆单等特殊情况无法接单时，应及时联系客户，以避免客户投诉和 OTA 渠道处罚 |
| 联系宾客 | ① 接到订单 30 分钟内和客户联系，确定客户的预订信息；<br>② 确认信息包括日期、房型、入住人数、保留时间、其他特殊要求等 | ① 自报家门话术为"XX 民宿，核对预订信息"；<br>② 询问需求，如是否对朝向、隔音等有要求，是否需要接机、接站服务，等等；<br>③ 告知客户稍后会有提示短信，提醒客户从机场/火车站到民宿的距离、行车时间及大概车费、入住期间天气状况、出行衣物提示等 |
| 添加微信 | 尝试添加客户微信，方便与客户交流，及时回应客户咨询的问题 | — |
| 确认预订 | ① 及时答复宾客，确认预订信息；<br>② 确认房价、联系方式、入住天数等信息；<br>③ 记录保留时间；<br>④ 询问宾客对房间是否有特殊要求，如是否对朝向、隔音等有要求，是否需要接机、接站服务，等等 | ① 如果没有宾客所需房型，可申请授权免费升级；<br>② 如果宾客需要延迟保留时间，可根据出租情况予以接受，或说明预付房费可整晚保留等 |
| 道别致谢 | 礼貌道别话术为"先生/女士，感谢您预订 XX 民宿，期待您入住" | 电话预订结束时，待客户先挂电话 |

## 6. 前台办理入住流程

| 工作步骤 | 工作流程 | 备注 |
| --- | --- | --- |
| 热情问候 | 问候宾客话术为"欢迎光临 XX 民宿，请问您有预订吗" | ① 热情、礼貌；<br>② 如无预订，可按照散客预订流程操作 |
| 核对预订人信息 | ① 询问宾客预订 / 入住人姓名、预订渠道等，在 PMS 中进行查询；<br>② 核对宾客的预订信息，如房型、房量、天数、房价 | — |
| 请宾客出示证件 | ① 话术为"请提供您的身份证，我帮您查询办理入住，请您稍候"；<br>② 核对宾客的证件信息；<br>③ 将证件信息扫描入 PMS 和公安系统 | — |
| 收取费用 | ① 根据宾客的入住天数，计算收取房费；<br>② 询问宾客付费方式（现金、银行卡或手机）；<br>③ 如现金支付，则点票—唱票—验票；<br>④ 如银行卡或手机支付，则收取宾客房费消费金额 | ① 登记符合实名、实数、实情、实时；<br>② 如收取客户押金，则须打印"入住登记单"，并由登记的入住人签字 |
| 排房入住 | ① 根据预订要求进行排房并入住；<br>② 将收取的房费及时录入该房间账务内 | 电话预订结束时，待客户先挂电话 |
| 制作房卡 | 制作房卡，装入房卡套内，并写上房号 | 如两人登记入住，可根据需要制作两张房卡。未登记入住的，不能提供房卡 |
| 增值权益 | 如门店提供其他增值服务、门店活动或礼品等，则向客户主动介绍，包括早餐、伴手礼、晚膳、电影播放等 | — |
| 带客入房 | ① 主动带客户进入房间，帮助客户拿行李；<br>② 走在客户前面，为客户介绍门店特色设施服务、周边环境等；<br>③ 主动帮客户按电梯，打开房门和房灯，介绍房间部分物品摆放位置、电器开关等 | 前台必须摆放服务电话号码牌，以便客户及时联系。晚上 10 点前离开的时间不能超过 10 分钟 |

## 7. 换房操作流程

| 工作步骤 | 工作流程 | 备注 |
| --- | --- | --- |
| 礼貌问候 | ① 微笑、热情问候客户；<br>② 符合 10-5-F-L 规范 | — |
| 核实身份 | 若客户在前台，请客户出示房卡，核对房卡，查验身份 | — |
| 询问换房原因 | ① 倾听宾客的换房需求；<br>② 若店内原因造成客户投诉换房的，须向客户表示歉意，"对不起，先生/女士，我们尽快为您安排"；<br>③ 房态允许的情况下，第一时间为宾客调换房间 | — |
| 系统操作 | ① 查看房态，确认是否有客户所需的房型；<br>② 前台系统中同步进行换房操作 | — |
| 更换房卡钥匙 | ① 若客户在前台，收回宾客原来的房卡；<br>② 若客户在房间，由工作人员将新房卡送入房间，收回原来的房卡，并协助客户换房 | — |
| 调整客户资料 | 变更公安上传系统客户信息 | — |

## 8. 免费升级客房流程

| 工作步骤 | 工作流程 | 备注 |
| --- | --- | --- |
| 礼貌问候 | ① 微笑、热情问候客户；<br>② 符合 10-5-F-L 规范 | 话术为"先生/女士，您好，请问有什么可以帮您" |
| 预订情况 | 了解预订情况，查找预订房间 | 用于预订房型无房、客户投诉等，优先提供给会员客户 |
| 请求授权 | 征得店长同意授权 | — |
| 办理入住 | ① 按正常程序办理相关手续；<br>② 明确告知客户升级后房价与原房价相同 | — |

## 9. 续住操作流程

| 工作步骤 | 标准／要求 |
| --- | --- |
| 问候客户 | ① 当客户走到前台或者电话咨询时，前台应礼貌向客户问好，询问客户有什么需要帮助；<br>② 当客户告知前台需要续住时，应询问客户房号和姓名，以及需要续住的时间；<br>③ 得到答复后应快速查询电脑，核实房态，确认是否可以续住；<br>④ 如续住后的房价有变化，务必告知客户 |
| 续住操作 | ① 可以延房的情况：<br>a. 请客户出示房卡或者身份证并核对；<br>b. 根据客户延住时间收取房费或押金；<br>c. 如客户是网络订房，则借机向客户介绍会员体系，邀请客户成为会员，享受会员价格直接延住；如客户坚持使用原渠道预订，则请客户联系原渠道重新预订；如是公司付费客户，则请客户联系公司增发预订单；<br>d. 为客户重新制作房卡或者重发密码；<br>e. 预祝客户住店愉快。<br>② 不能延房的情况：<br>a. 礼貌向客户解释其所订的房间已经满房，询问客户是否愿意付费升级；<br>b. 如客户同意，前台进行操作，同延房操作流程；<br>c. 如客户不愿意，为客户推荐附近同档次民宿，承诺客户在民宿有房的情况下将首先考虑客户需求，并将客户接回 |
| 礼貌道别 | 前台礼貌地向客户道别，电话沟通，需要客户挂断电话后前台再挂断电话 |

## 10. 退房操作流程

| 工作步骤 | 标准/要求 | 备注 |
| --- | --- | --- |
| 获知退房 | ① 核对客户信息；<br>② 提醒客户房间是否还有其他客户及遗留物品 | 话术为"先生/女士，您好，请问有什么可以帮您" |
| 确认付款方式 | 与客户确认结账方式 | 用于预订房型无房、客户投诉等，优先提供给会员客户 |
| 结账 | 收取或退回客户相应现金，或在POS机上刷银行卡，并请客户在消费凭证上签字 | 信用卡做预授权完成时，预授权不足部分，补刷消费金额 |
| 打印账单 | 打印账单，并请客户签字确认 | ① 用手势示意时，须五指并拢，不能使用单指；<br>② 如有需要，可在账单消费总额处画圈示意；<br>③ 若客户需要账单，可再打印一份账单给客户 |
| 开具发票 | ① 根据客户需求开具发票，对于已开具发票的预订须在系统中特别注明"已开具"，避免重复开具；<br>② 将客户的发票和账单装入信封，并双手呈递给客户 | — |
| 礼貌道别 | ① 询问客户入住感受和下一站行程，适当提醒客户写点评；<br>② 与客户礼貌道别并制造难忘的时刻，制造具有民宿精神和文化的难忘时刻 | ① 与客户沟通是否需要帮助预订下一站民宿；<br>② 与客户沟通是否需要帮助叫计程车；<br>③ 与客户沟通是否需要行李服务；<br>④ 员工应当在恰当的时机仔细观察客户需求，做一名出色的机遇发现者（Moment Maker） |

## 11. 叫醒服务操作流程

| 工作步骤 | 标准 / 要求 | 备注 |
| --- | --- | --- |
| 接受和记录 | ① 问候宾客；<br>② 接受请求，核对宾客姓名与房号；<br>③ 在交接班本上或 PMS 前台提醒工具做好记录 | 当时须核对前台系统中的入住信息 |
| 叫醒服务 | ① 及时检查电话系统叫醒情况；<br>② 前台准时拨打宾客房间号码；<br>③ 礼貌问候和提醒话术为"先生 / 女士，早上好！我是前台 / 管家XX。现在是早上(7:30)，您的叫醒时间到了（提醒天气情况），请安排好您的时间。谢谢"；<br>④ 待宾客先挂电话；<br>⑤ 人工电话叫醒无人接听的，可安排客房服务员或保安前往，按客房敲门流程执行上门叫醒服务，并礼貌道别 | ① 让电话多响几声，给宾客充分的时间接电话；<br>② 在遇到特殊的气候时，可以提醒宾客室外的天气情况和气温；<br>③ 当客户未应答时，可在3分钟后再次打电话给宾客 |
| 信息记录 | 前台在交接班本或 PMS 提醒工具中记录叫醒结果 | 避免重复提醒，以防打扰客户 |

## 12. 带客参观操作流程

| 工作步骤 | 标准 / 要求 | 备注 |
| --- | --- | --- |
| 系统查询 | 询问客户想参观的房间类型，找出对应的干净空房，在前台系统实时房态"置临时房"处理 | — |
| 引领客户进入房间 | 在客户的前方 1 ~ 1.5 米处引领客户 | ① 进入电梯时右手臂挡住电梯门，左手在身前做请的动作，请客户先进电梯；<br>② 下电梯时，右手臂做护电梯门动作，请客户先下电梯 |
| 参观、介绍客房 | 请客户先进房间，将房间的灯全部打开，并向客户介绍房型、价格、特色及优势 | 引领过程中需向客户介绍民宿的产品、房间设施、特色服务等（员工需了解房间的面积，熟知房型、房价、房间的设备设施） |

## 13. 访客登记服务流程

| 工作步骤 | 标准/要求 | 备注 |
| --- | --- | --- |
| 问候与招呼 | 主动问候宾客话术为"先生/女士，您好，请问有什么可以帮您" | — |
| 查询核对 | ① 核对访客提供的信息；<br>② 请来访者出示证件并核对；<br>③ 电话征询住店宾客的意见 | ① 查询 PMS 系统，核对住店宾客姓名；<br>② 如果住店宾客事先要求提供保密，应该婉言拒绝访客（切忌透露宾客房号及入住信息） |
| 电话询问 | ① 电话征询住店宾客意见；<br>② 如宾客下楼会见，则请访客在大厅稍等 | ① 无法联系宾客时，询问访客是否需要留言服务；<br>② 如宾客请访客去房间会客，则帮助访客带路指引 |
| 办理访客登记手续 | ① 请来访者出示证件，录入公安信息系统；<br>② 提醒宾客访客时间（晚间 23 点后，只能在大厅接待访客） | 如晚间 23:00 后访客仍未离开，需要在前台办理住宿登记手续（办理访客同住） |
| 提供指引 | ① 向来访者指引电梯方向和楼层；<br>② 由保安代刷梯控，带客入梯 | 礼貌与宾客道别 |

访客登记注意事项：
（1）若访客需要去在住宾客房间拿取物品，电话征得住客同意后，按照以上访客登记程序操作。陪同访客至房间，保持房门敞开，在门口等候，直至访客拿取完毕，关上房门，并登记取走物品品名、数量，请访客签字（如联系不上住客，则不提供访客进房取物服务）。
（2）若访客至房间时间较久，或者进房后长久未离开，请访客出示身份证去前台办理同住手续。
（3）若住客房新增入住宾客，进行信息核对和电话询问住客意见，核实无误，并且住客确认后，按照同住手续办理。

## 14. 租借物品服务流程

| 工作步骤 | 标准/要求 | 备注 |
| --- | --- | --- |
| 问候与核对 | ① 主动热情问候宾客；<br>② 核对房号等入住信息；<br>③ 用房卡或身份证核对身份 | 查询前台系统，确认客户为在店客 |
| 借物和递送 | ① 向宾客介绍借物安全使用说明；<br>② 将借物递送给宾客；<br>③ 根据宾客需要帮助宾客送至房间 | ① 一定要确保物品完好；<br>② 向宾客介绍和制作物品使用说明；<br>③ 刀具、维修工具等利器禁止借给客户使用，如必须，则须民宿员工协助使用 |
| 借物登记 | ① 前台经办员工在交接班本进行记录；<br>② 并在 PMS 系统房单备注中做好记录 | — |
| 归还借物 | ① 检查借物是否完好；<br>② 及时更新 PMS 系统信息；<br>③ 在交接班本上确认并签字 | 租借物品归还后，接收员工须及时更新信息 |

## 15. 行李寄存服务流程

| 工作步骤 | 标准/要求 | 备注 |
| --- | --- | --- |
| 接收行李 | ① 正确填写行李牌，上联填写宾客签字、电话、房间号、行李件数、寄存日期；<br>② 将行李牌下联交给宾客，向宾客说明领取和寄存行李的须知 | ① 询问宾客入住信息（退房房号等）；<br>② 行李牌下联只填写房间号、行李件数、寄存日期，其他信息空白（避免用户遗失下联而被他人冒领） |
| 存放行李 | ① 轻存轻放，确保行李完好；<br>② 将行李放置在行李房；<br>③ 正确悬挂行李牌 | ① 多件行李应用行李绳串系在一起；<br>② 行李房全满时，将存放在前台区域行李的行李牌背面朝外悬挂；<br>③ 将存放在行李房行李的行李牌正面朝外悬挂 |
| 领取行李 | ① 请宾客出示行李牌下联；<br>② 核对宾客行李牌信息；<br>③ 归还行李；<br>④ 合订行李牌上下联保存 | ① 更改行李寄存件数时，建议重新填写行李寄存牌；<br>② 行李寄存卡须保存3个月 |
| 代领行李 | ① 认真核对宾客身份；<br>② 致电询问寄存人，核对委托人信息；<br>③ 留下委托人身份复印件和签名 | 仔细、细心，确保无疏忽 |

注意事项：
（1）涉及宾客食品寄存时，根据实际情况满足宾客服务需求。
（2）原则上不提供食品、贵重物品（价值大于500元人民币）寄存服务。
（3）如房间内配置保险箱，建议在住宾客使用房内保险箱；离店宾客如需寄存贵重物品，应和宾客确认寄存时间为3天，寄存前和宾客现场确认物品的完好度，请宾客签字确认（贵重物品必须存放在民宿保险柜内，钥匙由店长保管；物品领取时操作人必须在钥匙领用记录表上记录保险箱钥匙使用详情，店长签字确认）。
（4）离店宾客如需要寄存食品，应和宾客确认食品寄存时间为3天（如寄存期间食品发生变质等不能食用现象，民宿不负任何责任）。行李牌上备注清楚寄存时限及责任明确内容，请宾客签字确认。

## 16. 遗留物品处理流程

| 工作步骤 | 标准/要求 | 备注 |
|---|---|---|
| 发现宾客遗留物品 | 发现宾客遗留物品时，必须在第一时间通知前台、店长，并准确报出遗留物品的特征 | ① 在交班本上做好记录；<br>② 不及时上报遗留物品是严重过失行为 |
| 遗留物品的接收 | ① 前台在遗留物品登记表上做好登记，须记录拾到地点、日期、时间、拾到人、物品名称、数量等，并请移交人签字确认；<br>② 清点遗留物品，并将遗留物品装入塑料袋内，填写遗留物品登记表；<br>③ 现金等贵重物品可放入贵重物品保险箱内存放 | ① 前台接收到遗留物品后，必须第一时间联系宾客，如联系不上客户时及时登记在遗留物品登记表上；<br>② 遗留物品须按照拾遗时间存放在遗留物品箱；<br>③ 宾客遗留物品均使用透气收纳袋封装，确保存储卫生、整洁 |
| 遗留物品认领 | ① 房间内的遗留物品，须由办理住宿登记的宾客本人认领，须请宾客出示有效证件，与PMS核对入住信息；<br>② 非住客本人领取客房遗留物品时，领取人须提供住客委托书和住客身份证复印件，领取人本人须出示身份证或其他有效证件，同时复印领取人证件；<br>③ 其他地点的遗留物品，领取人须说出遗留物品特征，如颜色、物品名称等，并凭有效证件领取；<br>④ 须留下领取人的联系电话；<br>⑤ 及时更新遗留物品登记表信息 | 提供住客委托书和住客身份证复印件时，可以提供有住店宾客签字的传真件、扫描件 |
| 无人认领遗留处理 | ① 一般遗留物品保留3个月。一般遗留物品包括衣物、食品、文具等低于100元的日常用品；<br>② 贵重遗留物品保留半年。贵重遗留物品包括珠宝、信用卡、支票、现金、手机、文件、证件等 | ① 遗留物品定期盘点；<br>② 超过保留日期的遗留物品民宿自行处理，并做好记录（义卖或作为员工福利发放） |

# 客房操作流程与标准

## 1. 进出门工作标准

| 工作步骤 | 标准/要求 | 备注 |
| --- | --- | --- |
| 进门标准 | ① 不要在早上 9:00 之前敲住店客户的房门，除非确认客户已离开房间；<br>② 打扫住客房间最迟不得超过下午 16:00，除非客户 16:00 前拒绝被打扰；<br>③ 如果客户房门挂有"请勿打扰"牌，不要敲门或试图进入房间。若下午 16：00 客户房门依旧挂着"请勿打扰"牌，应向店长报告并记录在工作单上，提醒前台或其他客房服务员关注该房间的客户 | ① 当服务员准备进入客户房间时，谨慎处理，整理好仪容仪表，礼貌地问候客户，不要打扰客户；<br>② 敲门停顿是因为客户可能在房间忙其他事，如看电视或听音乐等，我们应给客户时间去反应并听到有人在敲门 |
| 敲门标准 | ① "三敲三报"（7:00 ~ 21:00）为用中指关节第一次敲门，敲 3 下，自报一次身份"您好，服务员"；5 秒后，第二次敲门，再敲 3 下自报一次身份；5 秒后，开门至 30 厘米后，第三次敲门，敲 3 下，再重复"您好，服务员"，再轻轻推开房门，进入房间（如果发现防盗链是开启状态或察觉客户在洗澡或睡觉时，应立刻放轻自己的脚步退出房间，并轻轻地关闭房门）；<br>② "两敲两报"（21:00 ~ 次日 8:00）为用中指关节第一次敲门，敲 3 下，自报一次身份"您好，服务员"；5 秒后，开门至 30 厘米后，第二次敲门，敲 3 下自报一次身份，再轻轻推开房门，进入房间 | |
| 出门标准 | ① 做完房间后，退出房门，再次检查房间状态，检查保洁工具或维修工具有无遗留在房内；<br>② 如客户在房间，征询客户意见，并礼貌道别；<br>③ 记录出房时间，核对房态，记录清洁客房所耗物品 | |

## 2. 客房电器设置标准

| 工作步骤 | 标准 / 要求 |
| --- | --- |
| 检查电器 | 检查电器是否正常运转，如电器损坏，立即通知工程人员进行维修或更换 |
| 设定电器 | ① 电视机音量为 10；<br>② 空调温度设定为冬季暖风 24℃，夏季冷风 26℃ |
| 关闭设备 | 按照标准设置好后应立即关闭电器 |

## 3. 客房铺床工作标准

| 工作步骤 | 标准 / 要求 |
| --- | --- |
| 检查 | ① 仔细检查床垫、保护垫、床单、被罩等床品，要求无破损、无毛发、无毛边、无污渍、无蚊虫等；<br>② 纠正保护垫错位的部分，拉扯整齐 |
| 铺床 | 床单到达一个正中间的位置，床头床尾剩余的长度几乎相同，一般要求两端不落地，同时紧密贴合床垫，中线重合 |
| 包角 | 包角保持笔挺，各包角达到内角 45 度、外角 90 度的标准要求。一般先分别包好床头两个角，然后把床垫推回去，再接着包床尾的两个角 |
| 被套 | 被子饱满挺括，让整个床面挺括、紧绷、造型整齐（注：被角暂时不要放下，待扫地结束后放下） |
| 枕头 | 枕头饱满挺括，摆放在床头中线的位置（如果一个是棉枕，一个是荞麦枕，则荞麦枕平铺在床头中间，棉枕立起来靠在荞麦枕上） |

## 4. 客房卫生间清洁标准

| 工作步骤 | 标准/要求 | 备注 |
|---|---|---|
| 准备工作 | 准备清洁消毒剂和清洁用具 | ① 禁止使用客房布草（枕套、毛巾、浴巾等）做客房卫生；<br>② 四色抹布不能混放，禁止交叉使用 |
| 抹布准备 | 准备四色抹布（绿色抹布擦家具、电器（干）、镜子、玻璃、台面、五金，黄色抹布擦马桶，红色抹布擦卫生间、淋浴间墙面，蓝色抹布擦卫生间、淋浴间地面） | |
| 检查 | 检查灯和排气扇，打开时检查设施情况 | |
| 撤棉织品 | 遵循一客一换原则，撤出所有棉织品放入布草袋或布草筐内，将垃圾放入垃圾袋中 | |
| 喷洒 | 使用不同清洁剂喷洒不同区域 | |
| 清洗 | 清洁台面、淋浴、马桶、镜面 | |
| 擦净 | 擦干淋浴区和马桶 | |
| 补客用品 | 补足新棉织品及客用品，布草按标准折叠，摆放位置统一 | |
| 地面清洁 | ① 使用专用抹布从里到外，沿墙角平行，边退边擦；<br>② 地漏区域做清洁、灌水、除味处理 | |

## 5. 客房客耗品补充标准

| 工作步骤 | 标准/要求 |
|---|---|
| 卫生间棉织品 | ① 卫生间布草按照一客一换原则，必须更换；<br>② 要求布草无破损、无毛边、无污渍，不能发黑、发硬 |
| 洗护用品 | 大瓶装的洗发水和沐浴液，当发现两者瓶内液体的高度低于瓶身四分之一时，需要换新 |
| 小件易耗品 | 香皂、梳子、牙刷、浴帽、小瓶洗发水等，须补充完整 |
| 卷纸 | 马桶旁的纸巾，换新后折角（如果是续住房，之前一卷还没有用完，则放一卷新的纸巾在一旁） |
| 抽纸 | 往抽纸盒里加纸，并且给最上层一张做折角，既美观，又方便客户使用 |
| 拖鞋 | 一次性拖鞋应放在床头柜的位置 |

## 6. 客房抹尘标准

| 工作步骤 | 标准/要求 |
| --- | --- |
| 抹布使用 | 用两个抹布（一干一湿，专门用绿色干抹布擦镜子、灯泡和电视机） |
| 抹尘流程 | 从门框开始顺时针从高处向低处抹尘 |
| 注意事项 | 抹尘时，发现的工程或缺陷应及时上报并跟进（如房间的门或门锁、墙纸有任何损坏或污迹不能去除，须报修） |

## 7. 客房拖地标准

| 工作步骤 | 标准/要求 |
| --- | --- |
| 拖地顺序 | 使用拖把时以由内到外的顺序，倒退着拖地，这样可以尽量避免自己的二次污染 |
| 拖地线路 | 拖地时要根据房间布置寻找合适的路线，避免重复 |
| 注意事项 | ① 拖地时动作不能太大，避免扬尘；<br>② 房间内死角和墙缝，要使用褐色干抹布专门进行清洁（褐色湿抹布用于房间踢脚线、卫生间地面的清洁）；<br>③ 墙缝、家具夹角等所有部位要清洁仔细，确保地面没有灰尘和毛发等脏物 |

## 8. 客房处理客户物品标准

| 序号 | 标准/要求 | 备注 |
| --- | --- | --- |
| 1 | 将收集的报纸、书籍、纸张等整齐地放在桌子或咖啡台上 | ① 不要随意丢弃纸张和其他物品，除非客户已将其放在垃圾桶里；<br>② 像空的罐头盒、用完的奶酪瓶等明显的垃圾可以扔掉，如果是不能确定的物品，则将其保留 |
| 2 | 从门框开始顺时针从高处向低处抹尘 | |
| 3 | 将客户的衣物叠好放在沙发椅上 | |
| 4 | 日常清洁时不要碰任何客户的物品 | |
| 5 | 不要移开或打开客户的手提箱或检查里面的物品 | |
| 6 | 所有家具抹尘，如果上面有客户的贵重物品，清洁后放回原位或只清洁四周 | |
| 7 | 如果客户根据自己的需要重新安排房间的物品，不要改变其位置，尤其是长住客户房间的物品 | |
| 8 | 如果日常工作中客户使用过的茶杯有残存茶水，不可倾倒，同时应增加新的杯子以供客户使用 | |

## 9. 清扫房查房流程

| 序号 | 标准 / 要求 | 备注 |
|---|---|---|
| 1 | 遵循敲门流程，进入房间，并检查房间是否存在异味 | |
| 2 | 开启总电源，检查房门清洁情况 | |
| 3 | 检查衣架数量及摆放是否符合标准 | |
| 4 | 检查迷你吧台、小冰箱物品配备数量及摆放是否符合标准（若无迷你吧台、小冰箱，则不检查） | |
| 5 | 检查电视机音量是否符合标准 | |
| 6 | 检查写字台及茶几物品摆放情况及干净情况 | ① 房量 ≤ 10 间时，每日所清洁的退客房及空房间必须 100% 查房； |
| 7 | 检查窗户是否为开启状态及窗帘滑轨是否正常 | ② 房量 > 10 间时，至少抽查 10 间 |
| 8 | 检查床头柜物品摆放是否符合标准 | |
| 9 | 检查床铺铺设是否符合标准 | |
| 10 | 检查天花板及空调口是否清洁到位 | |
| 11 | 检查空调模式及温度是否符合标准 | |
| 12 | 检查地面及地毯是否清洁到位 | |
| 13 | 检查卫生间物品摆放是否符合标准，卫生是否清洁到位 | |
| 14 | 检查预留灯是否设置，关门时检查闭门器工作状态是否正常 | |

## 10. 杯具清洗及消毒标准

| 工作步骤 | 标准 / 要求 |
| --- | --- |
| 配备数量 | 按房间数量配备两套漱口杯和茶杯,用于替换 |
| 收取杯子 | 将客房内使用过的杯子(漱口杯、茶杯等)进行替换,并统一回收至消毒间,集中清洗、消毒 |
| 浸泡 | 用消毒液或洗洁精(稀释过的)的温水浸泡杯具(浸泡时间至少 10 分钟) |
| 清洗 | 用海绵刷清洁杯子内壁,用温水冲洗,用专用服务口布擦干杯子内壁及外侧 |
| 存放 | ① 检查杯子有无残留污渍及印渍;<br>② 放入消毒柜内消毒,消毒时间以消毒柜标准为准;<br>③ 消毒完成后,将杯子存放至保洁柜,并在消毒记录登记表上做好相关信息登记,店助进行消毒工作检查 |

## 11. 客房非一次性拖鞋消毒标准

| 工作步骤 | 标准 / 要求 |
| --- | --- |
| 消毒前准备 | 准备消毒所需的消毒液、专用擦鞋布、消毒桶等物品 |
| 消毒工作 | ① 在专用清洁桶内注入清水,按 1:300 比例配制 84 消毒液;<br>② 将从房间撤换出的脏拖鞋洗净后浸泡于消毒水中,浸泡时间为 10 ~ 15 分钟;<br>③ 用清水将经过消毒的拖鞋清洗干净并用专用擦鞋布擦干 |
| 消毒记录 | 在客房非一次性拖鞋消毒记录表上写清消毒工作的时间和其他事项记录,填写要及时、准确 |

## 12. 床垫日常保养标准

| 工作步骤 | 标准 / 要求 |
| --- | --- |
| 检查标号 | ① 日常检查床垫的标号有无差错,按每季度编号分别为 1 ~ 4 号;<br>② 床垫标号分别贴于床垫的两面,位置准确,字迹清晰;<br>③ 床垫的标号不得擅自更改、涂写 |
| 床垫翻转计划 | 服务员每个季度第一个星期(3 月、6 月、9 月、12 月)负责床垫的翻转 |

## 13. 公共区域日常卫生清洁标准

| 工作步骤 | 内容 | 规范标准 | 频次 |
| --- | --- | --- | --- |
| 大堂地面清洁 | ① 大堂内按一定线路拖擦，省时增效；② 避开人流聚集区域，在客户离散后，再补拖；③ 客户进出频繁和容易脏的区域重点拖 | ① 地面无垃圾、无污迹；② 雨雪天拖地时，地面湿滑，必须摆放"小心地滑"示意牌，随时保持地面清洁和干燥 | 每3小时巡查1次，并清洁1次 |
| 大堂家具、烟筒清洁 | ① 大堂休息区擦抹家具；② 及时清空烟缸烟灰、垃圾桶垃圾 | ① 确保家具和物品摆放整齐，无积尘、无污迹、无粘体残留物、无蜘蛛网；② 烟缸无过量烟灰，不超过烟缸容积1/3，烟头不超过3个 | 每3小时巡查1次，并做到清倒及时 |
| 大堂公区客厕清洁 | 地墙面、五金器具、设施、设备、消耗品的清洁、保养，添补易耗品，故障报修 | 做到整洁、干净、干燥、无异味，易耗品补充到位 | 每2小时巡查1次，并做好清洁记录 |
| 楼层楼梯、扶手清洁 | 楼梯台阶拖地，扶手擦尘 | ① 楼梯台阶整洁、干净、干燥；② 扶手面无污迹，栏杆干净 | ① 楼梯每日湿拖1次（根据门店实际情况安排时间）；② 楼梯扶手每3小时擦拭1次 |

# 民宿特色服务操作标准

### 1. 一次性马桶坐垫

客房卫生间预备一次性马桶坐垫,并在卫生间醒目处摆放提示卡以提醒此服务。

### 2. 茶品暖心

随时为每一位顾客提供免费品茶服务,门店大堂可以摆放一些具有当地特色的小点心供客户免费品尝。

### 3. 送客入房

(1)为客户办理好入住后,拿着客户的行李和房卡,引领客户去房间。

(2)按照敲门流程进入房间,插卡取电,放下行李,开始介绍房间设施、设备。

(3)向客户介绍房间硬件:如何用手机控制空调、灯光、窗帘、电视、加湿器等;介绍床品、客耗品。

(4)介绍完后礼貌询问客户是否有不清楚的地方,若没有,则礼貌道别后,将房门轻轻带上。

### 4. 原汁原味

(1)赠送客户公司定制的手绘地图。

(2)应客户需求推荐地道的当地美食及特色小店。

(3)友好提醒客户出游注意事项,并告知有事可以随时联系。

### 5. 暖心宵夜

（1）每天准备一种甜品，并将甜品菜单公示在民宿大堂，确保产品多样性。

（2）每晚9点以后，对所有回到民宿的客户免费提供一份甜品。

（3）除甜品外，房间内还可以为客户提供一杯温热的牛奶。

### 6. 热水泡脚

门店准备木桶、一次性泡脚袋、足浴药等，询问客户是否需要泡脚的服务。

### 7. 淑女温情

专为入住的女性提供的礼包内含湿巾、吸油纸、研磨膏、卸妆棉、发束、发卡等。

### 8. 烘洗兼备

门店配备洗衣机及烘干机，便于客户应急清洗衣物。

### 9. 万无一"湿"

房间配备便捷烘鞋器，为旅游的客户提供鞋子烘干服务。

### 10. 安眠眼罩

（1）选择市场上知名品牌的一次性蒸汽眼罩。

（2）可配备眼部穴道按摩图示，方便客户自行按摩眼部穴位。

### 11. 禅意养生

（1）房间内放置香炉及檀香，配合门店客房装修风格，给入住的客户一种更加轻松的感受。

（2）有女性客户入住时，可选取其喜欢的精油味道，配合加湿器可实现香薰机的功能。

## 12. 自助厨房

（1）为客户提供厨房用具，与客户共同烹饪美味佳肴。

（2）厨房内应摆放或粘贴安全提示，并在客户使用时随时注意客户的安全情况。

# 与顾客沟通的"九大技巧"

民宿服务业的工作关键是与客户面对面打交道，与他们说适当的话是经营民宿成功的决定性因素。精湛说话技巧、讨好重要客户、掌控处理棘手事情的手段，等等，都是创造性工作的结果。沟通是人生存很重要的一课，说话谁都会，但如何把话说得艺术？铭记以下九个法则。

### 1. 客户询问时的回答技巧——马上处理

冷静、迅速地告知客户"马上处理"，会令客户觉得你是一名办事效率高、愿意为他服务的好员工；相反，如果你只是说"请稍等"，则是一种犹豫不决的态度，只会惹得客户不高兴。记住，说"马上处理"，不说"请稍等"。

### 2. 面对客户投诉时表现冷静

当自己苦心经营的工作成果遭人修正或批评时，的确是一件令人苦恼的事。不需要将不满的情绪写在脸上，但是应该让投诉你工作成果的客户知道，你已接收到他传递的信息。不卑不亢的表现会令你看起来更有自信、更值得被人敬重,让人知道你并非一个刚愎自用或经不起挫折的人。记住这句话:谢谢你告诉我,我会认真考虑你的建议。

### 3. 恰如其分地"讨好"客户

许多时候,你与客户共处一室,所以你不得不说点话以避免冷清、尴尬的局面,同时这也是你赢得客户好印象的绝佳时机。如果说每天的例行公事或天气告知不会让客户对你留下印象,此时,最恰当的莫过于一个跟民宿有关、与客户贴近而又发人深省的话题,即"我很想知道您对我们服务的看法……"。问客户关心又熟知的问题,如果他滔滔不绝地诉说心得,你不仅获益良多,也会让他对你的求知、上进之心刮目相看。

### 4. 巧妙规避你的信息盲区

"让我再认真地想一想,很快我会给您答复,好吗?"当客户问你某个与业务有关的问题,而你不知该如何作答时,千万不可以说"不知道"。学生时代课堂上那句"不知道就是不知道"的诚实名言依然有效,只是,在民宿服务业中还需要加上"我立刻为您询问我的同事",此法不仅可以暂时为你解围,也可以让客户认为你在这件事情上很用心。

### 5. 赞美别人——您的建议真棒

一位员工想出了一条赞赏客户的绝妙好计,并屡试不爽。逮住与客户聊天的机会并在他心情不错之际,脱口而出"您的建议真棒!"在这个人人都争着出头的社会里,一个不妒忌别人、忍让安分的人,会让客户觉得此人本性纯良、富有团队精神,因而另眼看待。

### 6. 重视客户

"我了解这件事很重要,请等我们先查一查手头上的工作,把您的事情按最重要顺序优先排列,可以吗?"如此说,客户当然欢喜不已。首先,强调你明白这件事的重要性；然后，询问客户意见并请求指示，把原有工作排出优先处理顺序，不着痕迹地让客户知道你的工作量其实很重，若你不愿意，有些事可能无法处理圆满。

## 7. 委婉地传递坏消息

如果你立刻向客户报告坏消息，非常重要的流程出了问题，无论你如何巧言善辩，都会让客户怀疑你危机处理的能力，最后可能导致一场一触即发的愤怒场面，客户甚至会把气出在你头上。此时，你应该以不带情绪起伏的声调从容不迫地说明情况，千万别慌慌张张，切忌说"问题"或"麻烦"等败兴字眼。必须使客户觉得事情并非无法解决，以"我们""咱们"套近乎，与客户结成统一战线或同盟，并肩作战，共同应对挑战。有些客户入住登记时常说"咱们民宿房价如何"，原来他们"圈人进来"的意识早已存在。

## 8. 说服客户同意

当某件棘手的事，你无法独力完成，非得得到眼前这位客户的谅解或迁就方可过关时，你可以请求眼前的客户高抬贵手，并做到使人家心甘情愿。无非是给客户送高帽、灌迷魂汤，并保证他日必定回报等，而好心客户通常会答应你的请求。不过，话要看你怎么说，如"这事没有您的支持不行！"真是一字千钧。

## 9. 承认错误但不引起客户不满

犯错在所难免，但是你陈述过失的方式会影响客户对你的看法。勇于承认自己的疏失非常重要，而推卸责任只会让你看起来像个讨人厌、软弱无能、不堪重用的人。不过这不表示你就得因此对每个人道歉，诀窍在于别让所有的矛头都指向自己，应坦承却淡化你的过失，转移众人的焦点。这句应该是不错的：是我一时失察，不过幸好……

# 维护民宿客户关系之前，先摒弃这六大陋习

### 1. 总是找借口

假设你拥有一家民宿，而你没能在规定期限前完成工作，那么，你将如何应对客户的抱怨和不满呢？千万不要找借口，比如"我快被繁重的工作压垮了，所以一直没腾出时间来打扫房间"。这实在是很不明智的说法，客户不会关心你是否承担得了繁重的工作，他们只会认为，你承诺过在一个确定期限以前完成工作却又言而无信。

与其找借口，还不如先老老实实承认自己的过失，然后再尽力使事情得以好转，比如加班加点地工作，给顾客折扣，将顾客需要的用品当晚送去客房。当你能承担所有责任并改正你的过失时，不好的事反而会让你赢得顾客的信任。

### 2. 忽视客户的反馈信息

大多数顾客并不会告诉你他们的不满，只会转身离开另觅交易罢了，留住他们！用一些额外的时间来吸引他们的注意力，来杯下午茶，或与你的客户直接电话联系，或请他们回答一些调查问题，比如：

您为什么选择我们的（民宿）产品与服务？

您选择我家的民宿的原因是什么？

您觉得我们的服务还需要做哪些改进？

找到这些问题的答案将会有助于你的发展。你会知道哪些方面你已经做好了，哪些方面还存在不足。当顾客不满意时，你就能在他改变主意之前采取行动。当你向顾客提供调查问卷时，就表明了你重视他的态度，从而吸引顾客成为回头客。

### 3. 精力不集中，思想消极懈怠

经营民宿难道是一件容易的事吗？一旦开始经营民宿，你得随时准备为现金周转奔波，扛上一大堆琐碎和繁重的重担。然而不管多么艰难，你都必须高昂着头保持微笑，因为人们只愿意同充满自信的人做交易。你必须摆脱消极思想的恶性循环，集中精力在你的目标上，相信不管遭遇多少挫折最终你都能心想事成。

### 4. 己未成，又何以诉我

你在向顾客和潜在客户批评你的竞争对手的同时，他们会认为你也是这样的。

当有人问你"贵民宿是如何在与 XX 民宿的激烈竞争中累积财富的？"你可以这样回答："XX 民宿的确很不错，但允许我告诉您，为什么顾客选择了我家。"然后向你的潜在客户出示一些以往顾客满意的感谢信件，等等。用这种方式，你就能轻而易举地将话题从竞争对手转移到你们的交易上来。或者请你的老顾客对你大肆赞扬一番也未尝不可。

### 5. 对你的顾客想当然

一旦你懈怠下来，你就输定了。不要理所当然地认为顾客在你店里消费过一次，就会成为你的终生顾客。甚至就在你读这段文字的时间里，你的竞争对手有可能正策划着如何吸引你的顾客。

如何吸引你的顾客成为回头客？

例如，如果你的民宿配有一间咖啡屋，你可以经常举办一些促销活动，当顾客购买九杯咖啡时，就能获赠一杯额外的。（当然，咖啡必须是美味的）

所有商家都会选择特殊日子（如生日或周年纪念日）给顾客寄贺卡进行庆祝，并提供某种免费服务或商品；另外，在某段特定时期内将商品打折出售也是一种促销方法。

### 6. 切勿自满，故步自封

不要有了一点小成绩就不思进取，在市场竞争日益激烈的今天，如果你不求发展，就只能关门大吉了。你只有不断自我教育，参加各种研讨会，阅读专业书籍和杂志，才能成为所在行业的先锋。

你对行业的了解程度越深，顾客就会对你越有信心，从而使得你的民宿成为消费者心目中的第一选择。

保持支配自己的自由，不断从自身和其他人所犯的错误中学习经验，并采取必要的措施避免它们再次发生。这样必将给你的事业带来长期的发展前景和利润。

Chapter 04

民宿店长线上营销技能

店长是民宿的"大脑",营销即民宿经营的核心命脉,同样也是店长的首要工作。店长的营销能力是投资人对其最硬核的 KPI 考核指标。虽然多数民宿房间数量少,但是随着国家的扶持,民宿市场已不再是蓝海市场,各民宿的竞争非常激烈。因此,店长的营销能力直接决定这家民宿的营收高低。

店长的营销能力主要包括以下三个方面:

(1)营销开发能力。民宿间竞争激烈,民宿营销渠道除了民宿自身的渠道,还包括部分酒店的渠道。

(2)点评维护能力。客户的点评是影响线下下单和转化的重要因素,除了与负责民宿业务的经理保持良好的沟通,及时回复点评也是一个重要的维护方式,尤其是对民宿差评的反省和回复。

(3)定价能力。结合市场行情、竞争对手信息、自己民宿的出租率情况进行定价。价格要合理,整个定价需要动态管理,不能一成不变。

# 做好线上营销的前提条件

### 1. 民宿定位

地理位置、装修风格、服务定位、接待能力、周边配套,以及地区定位都将决定民宿的价格定位、网络渠道定位。

### 2. 网络渠道定位

根据核心人群、客单价和用户期望等多维度分析和认清网络渠道定位,有助于选择适合自家民宿的售房渠道。

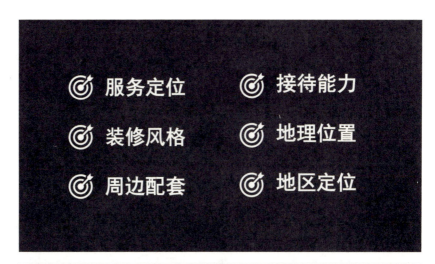

▷ 民宿定位

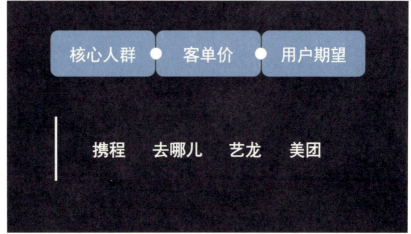

▷ 网络渠道定位

## 3. 渠道价值

大多数人只是单一地将渠道看作售房和提高入住率的手段,却忽视了渠道带来的品牌宣传和曝光作用,甚至长久的意义和价值。

网络渠道的真正意义:

(1)品牌宣传与曝光平台,早期用户积累。

(2)争抢第二次入口机会。

(3)提升营销能力,保持话语权。

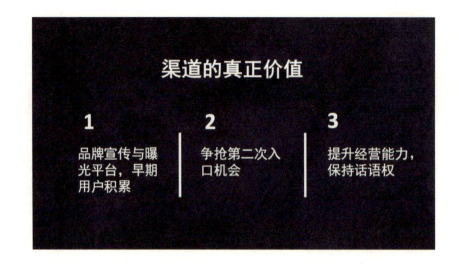

▷ 渠道价值

# 渠道运营策略如何选择

近两年,一些抛弃OTA的论调甚嚣尘上,如民宿已经不需要和OTA合作了,大的民宿集团会自建会员官网、APP等,但是对于中小酒店、客栈、民宿等来说,并没有多大概率做成此事。花一些费用就可以建立官网,但是获客较难。

和OTA合作,最重要的一个思路是把OTA当作用户预订民宿的一个工具,依靠OTA(依靠OTA的多年用户积累、完整的页面展示、点评背书机制、预订保证,等等),而不依赖它。

有没有不需要OTA渠道,通过其他渠道也能够做得很好的民宿呢?有,但占比总体很小。这些民宿通常需要有自身圈层及品牌影响力,有自己的完整会员体系,等等。但是这些需要多年品牌沉淀的客流资源,需要大量的营销推广成本。

**渠道环形图**

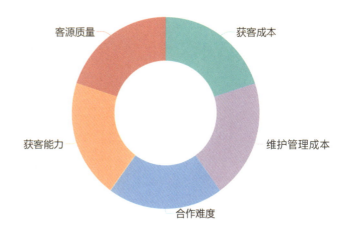

▷ 1个好渠道，5个考虑方面

## 1. 1个好渠道，5个考虑方面

（1）渠道获客成本考虑：产生一个订单需要多少成本？

（2）渠道维护管理成本考虑：在维护渠道上需要花费多少时间？难易程度如何？

（3）渠道合作难度考虑：是有产品就能合作，还是有资源才能获取？比如一些旅行社，需要有这方面资源才能合作。

（4）渠道获客能力考虑：渠道能够带来多少客流量？是持续性获取客流，还是间断性获取客流，还是随机获取客流？

（5）渠道客源质量考虑：渠道客源质量如何？能否带来额外价值？如复购率如何等。

通过综合性地考虑以上五个指标维度，OTA渠道依然是目前较好的选择之一。

▷ 客房主要售卖渠道

在渠道运营过程中，要注意将各个渠道客源进行合理分配。一个渠道客源占比太大或者太小，都不是一个健康的结构。

每一个订单都需要获客成本，获客成本包括显性成本和隐性成本。显性成本指看得见的成本，如最常见的佣金成本，每一个订单需要支付给平台3%～40%不等的佣金。

从自媒体渠道转化过来的订单，表面上不需要支付额外费用。但是在订单的背后，需要支付自媒体推广费用，获取一个订单的成本甚至比OTA平台高很多。

除去OTA渠道，客栈民宿还可以通过直销渠道、散客渠道、旅行社渠道、自媒体渠道等获取客流。

目前自媒体渠道更多的是一种品牌传播渠道，而不是一种好的获客渠道，转化率一般较低。

以直销渠道为例，官网、APP、微店和最近火热的小程序，都可以用来创建直销渠道。近几年建站费用及难度直线下降，甚至一些平台都是免费提供直销渠道，如番茄来了的番茄小站。

目前渠道建设容易，但是获取客源很难。想要在直销渠道上获取订单，需要投入巨大的营销成本引流，对于体量小的客栈民宿显然难以承担，但是平常可以作为一个有益的补充。

## 2. 平台选择策略

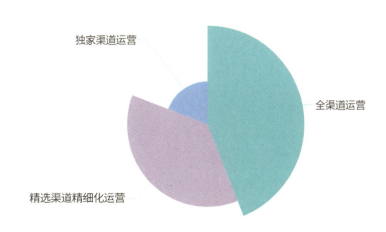

▷ 渠道运营图

一家民宿的线上渠道策略主要有三种：全渠道线上运营、精选渠道精细化运营和独家渠道运营。

### 1) 全渠道线上运营

全渠道线上运营是指打通线上所有销售渠道，在线上得到最大程度曝光，OTA渠道（国内、国际）+ 官网渠道 + 短租渠道 + 航空、银行等渠道。

### 2) 精选渠道精细化运营

精选渠道精细化运营是指在众多渠道中，精选出和自己店相匹配的几个渠道。在这几个渠道中，精耕细作。

### 3）独家渠道运营

独家渠道运营是指跟一家 OTA 平台签约独家合作，放弃其他线上售卖渠道。如某酒店和携程签约独家合作，挂上特牌，则该酒店就不能在美团、飞猪等平台上线，只能在携程系平台销售，以及在携程其他平台上分销。目前美团和携程系都可以签订独家合作，而飞猪没有独家合作模式。

到底是选择全渠道线上运营，还是与独家渠道合作？我相信这个问题困扰着很多店家，尤其对于一家新店而言。其实，每一种合作方式都有其利弊，要结合自家店和所在商圈的实际状况进行分析。

（1）运营时间。

是刚上线的店，还是已经运营很久的店？

（2）各平台订单占比。

每个平台订单占比如何？是分散均匀，还是一家独大？利用 OTA 平台的关键在于淡季能够持续贡献订单，而不是旺季。在旺季拥有大流量的背景下，甚至不需要 OTA 平台就能做到满房。

（3）区域商圈情况。

选择和 OTA 平台线上全渠道或独家合作，民宿看中的是其流量资源倾斜，最直接表现在排序上。以携程为例，排名分为三个池，即特牌池、金银牌池及非挂牌池。挂牌民宿一定排在非挂牌民宿前面，特牌池里的民宿一定排在金银牌池里的酒店前面。

如果某个区域，仅特牌民宿（包括客栈民宿）数量都有几百家，那么做独家合作就失去了在携程上的排名优势，更损失了其他渠道的曝光机会。

以下情况可以选择多渠道运营。如果想在携程系上相对有排名优势，可以做金牌及银牌。如果区域内特牌不到百家，那么可以考虑做金银牌。后期可以通过销量、直通车，以及添加合同保留房等形式，继续提升排名。

### 3. 全渠道运营的优势与劣势

#### 1）全渠道运营的优势

如果民宿在多个平台上展示，理论上来说，能够在线上获得最大程度的曝光。同时，各平台订单量可以互相补充，不会单独对某一个平台过度依赖，从而不会被平台"绑架"。

#### 2）全渠道运营的劣势

（1）平台维护成本高。

全渠道运营，维护管理成本高。房态、价格、点评问答维护、财务核算等信息都需要工作人员花时间、精力维护。当然，这主要针对小型的店，对于大型的集团，有专门的渠道负责部。

尤其在旺季流量巨大的情况下，各平台几乎都会有新订单产生。这时候，如果某个平台的房态没有及时关闭，极容易出现超订情况，给店家带来麻烦。

（2）受限于运营人员精力及资源，尤其对于一些体量较小的客栈民宿公寓，工作人员数量有限，不能保证把每个平台都维护、管理好。

当然，这个劣势只针对体量小、人员少的店。对于有独立的渠道运营部门的集团来说，基本上不存在这个问题。全渠道运营会造成资源分散，不利于把一个平台做好。

全渠道运营思维，在量的选择上要有一个限度，并不是越多越好。对于体量小的店，可以集中精力，做好3~5个平台。

### 4. 独家渠道运营的优势与劣势

#### 1）独家渠道运营的优势

（1）排名优势。

搜索一个目的地民宿时，排在前面的大多数是和平台深度合作的店。以携程为例，默认搜索排名出现的民宿，全部是挂牌（特牌、金牌、银牌）民宿，之后才是未挂牌民宿。挂牌合作无疑能够使民宿排名得到显著提升，排名上去了，民宿曝光量自然变大，预订转化率肯定会有所提升。

（2）标识优势。

获得挂牌标识，和平台处于深度合作关系。有平台作为背书，容易让用户产生信任感，能够提升预订转化率。

（3）曝光优势。

宣传渠道多样性，能够获得比普通民宿更多的曝光机会。

（4）享有更多的合作机会。比如在其他渠道进行分销。

（5）数据分享方面，能够获得营销活动后的营销报告、市场动态及数据分享。

对于民宿运营人员而言，有更多的精力去维护，同时能够把更多的资源倾斜到独家渠道运营的平台。

### 2）独家渠道运营的劣势

首先，独家渠道运营的劣势很明显，独家渠道运营意味着受限于合作方，对合作平台太过于依赖，这对一家店的长久发展不利。假如某一天停止了合作，会造成渠道短暂性瘫痪。

其次，独家渠道运营也损失了在其他渠道曝光的机会。尤其在淡季，在流量减少的情况下，单独依赖一个平台，很难带来足够多的订单，这个弊端会被无限放大。

最后，风险来自倾斜的流量资源会被瓜分。以携程为例，特牌数量的店每年都会增加，而现在携程对特牌有收益线要求，不达标会降牌。

在这种情况下，特牌池里店的数量虽然不像之前增幅很快，但数量还是有所增加。数量增加了，流量肯定要慢慢被瓜分。比如以前特牌池里有30家店，一年后，数量增加到60家。如果要霸占首屏，就要由以前的和29家竞争变成和59家竞争。

综合以上分析，每一种运营思维都利弊共存。在渠道选择策略上，要根据自家店的具体情况及运营的不同阶段来选取。

对于已经运营了一段时间的店，如果考虑做独家，可以先思考以下两个问题。

（1）做独家渠道以后，独家渠道提供的订单量，能不能完成入住率客源渠道占比计划。

比如一个店房量为50间，今年的全年入住率目标是75%。线下渠道占比40%，线上渠道就需要占比35%。

需要平台一年贡献6387.5个间夜，则需要每天平均贡献17.5个间夜。如果一个订单产生1.5个间夜，那么平均每天需要11.67个订单，这个量平台是不是能够撑得起？

（2）做了独家渠道后，和去年的数据比起来，数据增幅需要多大？

比如，一家店去年线上渠道客源数据是美团占比70%，携程占比10%，其他渠道占比20%。如果做美团独家渠道，就得放弃其他平台这30%的客源。在接下来的运营中，至少在此基础上增幅40%才划算，还需要保证接下来有增长空间。

## 一家店客源占比图

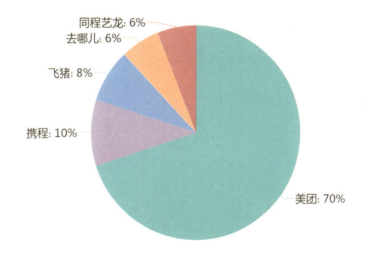

▷ 一家店客源占比图

另外，换一种思维，如果目前美团占比 70％，其他渠道占比低。那么，运营思路是不是可以调整为继续保持美团优势，并且再深度挖掘？在此基础上，大力拓展其他渠道客源。占比低，说明提升的空间很大，由 70％ 提升到 90％ 很难，但是由 10％ 提升到 30％ 相对容易。

## 5. 渠道建议

（1）依据位置选择渠道。

属于城市副商圈、第三第四商圈，以及机场、车站等流量聚集点的民宿，建议不要做独家渠道，主要的几个渠道都要做。分析客户的预订行为，客户预订第三第四商圈的民宿，一定是以目的地为导向。所以在 APP 上，一般会直接先通过商圈筛选，找出商圈内的民宿，然后再次预订。

以大理为例，大理古城是绝对的主商圈，根据携程数据显示，客源占比为 61％。下关是副商圈，客源占比为 11％。喜洲古镇大概是第五商圈。如果客户预订喜洲古镇，肯定是先通过商圈筛选喜洲古镇，然后预订。

所以渠道运营思路是，在每一个预订渠道上，搜索喜洲古镇民宿时都有所展示，并且持续提升搜索排序。这样，民宿可以得到最大程度的曝光。只要客户搜索喜洲古镇，不管在哪一个平台上，都有可能被客户看到。

（2）依据客源占比选择渠道。

如果非线上渠道占比很高，那么可以做一下独家渠道。比如一家店非线上客源占比达到 70％，这时候做独家渠道就没有那么大的订单压力，可以好好运营。

（3）做携程金牌要慎重。

携程金牌要求有价格优势，对于其他平台运营来说，有了价格劣势这一点，运营很难做好。携程不挂牌很难有排名优势，除非在挂牌少的地方。如果美团、飞猪运营得不错，不建议做金牌，可以考虑挂银牌。金牌和银牌是一个池，只要销量点评等数据提升得不错，也可以取得好的排名。

（4）对于大部分店，精选渠道精细化运营是一个比较稳妥的策略。

# 新上线的店家，该如何开始运营

刚上线OTA平台时，很多店家摩拳擦掌，跃跃欲试，准备大干一番。但是在具体的执行过程中，却又不知道如何有计划、有步骤地运营。

先不要着急，要把控好运营节奏。在大干一番之前，需要花点时间熟悉平台。只有对平台熟悉了，才不会犯一些低级错误，才能够更好地做好后面的运营工作。

（1）熟悉了解后台操作、平台规则，以及客户预订行为。

（2）熟悉订单，包括订单确认，可以多设置接单渠道，如在微信上关注各平台的公众号，绑定账号，有订单后就可以直接在微信上确认订单。熟悉订单查询、订单下载、订单类型（了解各个订单的差异）。

（3）熟悉房态维护、房型价格修改、财务结算、信息维护。

（4）熟悉点评与问答回复。

（5）熟悉各种营销工具(排名、促销、曝光)，分析各种营销工具的使用场景。

（6）熟悉平台排名规则（后文会详细讲解），了解哪些因素会影响排名。

（7）熟悉客户预订步骤，知道客户是怎样在平台上完成一次预订的。对客户预订步骤进行拆解，对拆解后的每一个步骤进行解读，并知道怎样优化这些步骤。知道哪些因素会影响客户预订，哪些因素会阻碍客户预订。

（8）熟悉平台规则。每个平台都有自己的规则体系，如果民宿在运营过程中，违背了某些规则，会受到不同形式的惩罚。如美团对虚假交易、到店无房、逃单等行为制定了清晰的惩处规则。

飞猪、美团都制定了特别清晰的规则，在后台都可以找得到。在运营前，一定要熟悉、了解这些规则。可以把这些规则打印出来，仔细研读。

## 1. 优化详情页信息

上线平台时，不用把所有的信息都填写得特别完善，上线之后，首先应对这些信息进行优化。

详情页优化的信息主要包括名字信息、位置信息、图片信息、房型信息、点评信息、问答信息等。

在优化过程中，避免不了积累点评（也叫刷单）。刷单不是目的，只是初期运营的一种手段而已，要辩证地看待。

有些平台需要一定的评论数量，才能显示出点评分数。这对于一家刚上线的新店而言，如果单纯等待客户下单，再去做点评，几乎很难。

新店上线，去哪儿网需要 6 条点评才能显示总点评分，在携程和飞猪上显示总点评分需要 5 条点评。

## 2. 了解竞争对手

熟悉你的竞争对手，在 OTA 平台上，你的竞争对手有三类。第一类是默认排名和你家店接近的店，这里的竞争对手指的是档次、规模、价格类似接近的店；第二类是商圈内的店铺；第三类是和你家店同一时期推广的店，比如同一时期参与促销活动的店，同一时期购买广告位展示的店。

对竞争对手的分析情况如下：

（1）最低价格：对价格敏感的客户占据很大一部分。比如两家同类型的店，一家比另外一家便宜十几块钱，那么用户很可能到价格低的一家下单购买。

（2）增值服务：查看详情页上有哪些额外的增值服务，比如入住送水果、预订免费接机、10 千米内滴滴免单、淡季房型免费升级，等等。

（3）点评分析：对竞争对手点评分析，了解哪些因素促成了好评，哪些因素被客户给予差评。

（4）问答分析：了解客户的需求点在哪里，住店时有哪些疑虑。

客户从选择到最终下单，都是要经过各种筛选，才会进行购买。你家店要更能够吸引客户，客户才能跳出竞争对手的详情页面，进入你家店的详情页面下单。

最低价格一定要比竞争对手低，哪怕低几块钱。

设置增值服务，一定要更懂用户，知道客户的需求点。

客户住店送水果，其实每一家店都可以做到。但是真正懂得客户需求，能够提供相匹配的增值服务，并不是每一家店都能做到的。

## 3. 线下转线上

通过和线下客户沟通交流，可以让客户从网上预订下单。把店的预订链接做成一个二维码牌。

在这里给大家推荐一个工具，叫草料二维码，能够快速把网址链接生成二维码。让客户用微信扫一扫就可以直接预订，降低预订难度。

在这里要特别强调一点，除了上面的方法，还可以通过开通美团房惠或者飞猪线下信用住，把线下客户转到线上。

在和客户沟通的过程中，要强调线上预订的好处。首先，就是价格优势，通过线上预订，可以节省费用；其次，如果客户线上预订，可以获得一些小礼品或者一些其他增值服务。

排名低，曝光少，这是刚上线店家面临的困境，也是很多已经上线但做得差的店家面临的问题。做好前面的工作后，店家就可以集中精力解决这两个方面的问题了。关于排名和曝光，在后文可以学习到。

# OTA 后台维护与管理

## 1. 后台维护基础篇

后台的基础维护管理要注意以下 7 个方面：

（1）订单信息维护。

OTA 订单信息会通过后台、短信、电话、微信、邮件等多种方式通知店家，所以不必担心错过订单信息。店家也可以通过后台、短信、电话等方式确认。

订单信息确认后，登记时要注意预订的房型、到店日期、入住天数、价格、订单类型，以及客户有无特殊要求，以防填错带来一定的麻烦。

注意：登记订单最容易出错的一个地方，就是误把预订日期当成入住日期。

（2）房态信息维护。

房态信息要每天维护，尤其在旺季，一定要及时开、关闭房态。以防出现有房而不能卖或满房还可以正常售卖的情况。

（3）房价信息维护。

除了节假日调整价格，房价信息一般比较稳定，价格调整要提前一个月左右。

（4）点评及问答信息维护。

要及时回复客户点评及问答信息。关于更具体的维护管理，后文会有深度介绍。

（5）图片信息维护。

图片重要性不言而喻，一个客户是否预订，很大程度上是由图片美感驱使的。OTA 平台上的图片要不间断地更新，删除质量差的，更换新的图片。

（6）房型信息维护。

房型信息一般比较稳定，在确定房型名字及房型类别后，不要有太多更变。要保证房间面积、楼层、是否有窗等信息准确。除此之外，就是新建房型和删除房型。

（7）订单审核信息维护。

订单审核信息也要及时处理，否则会影响客户返佣及店家与平台的结算。现付订单需要客户离店日后的3天内完成审核，否则按正常离店自动成交；预付订单会在客户离店日自动成交；闪住订单需要在客户次日离店12点以前完成审核。

信息维护要注意以下4个方面：

（1）文字信息描述要准确。

文字信息描述要与实际情况相符合，切忌无中生有。如某家店不提供停车位，在OTA平台上却写着提供停车位的服务，结果客户自驾来后发现没有停车位，让客户不愉快。

（2）图片信息尽量符合店的实际情况。

（3）地理位置信息要精确。

在地图上标注的信息一定要精确，让客户能够根据导航精准找到地址。

（4）一些特殊信息要写明。

如房间住客数量限制，是否可以提供加床服务，是否允许携带宠物等。

后台信息维护

一、基础篇（基础信息维护）

二、进阶篇（活动参与、营销推广）

三、升级篇（数据分析、运营策略）

▷ 后台信息维护

## 2. 后台维护升级篇

上文讲述了后台的基础维护管理，主要是一些基础性的信息维护。接下来主要讲述数据分析，关于活动参与策划和收益管理，在这里作简单介绍，后文会有更详细的讲解。

数据分析就是对一些订单数据、销售数据等进行采集分析。数据分析不是为了分析而分析，而是发现数据背后的问题，进行针对性解决。

根据数据分析，相比较往常，为什么这段时间订单量骤减？为什么排名下降得厉害？为什么浏览量指数下降？

每一个数据变化的背后都有原因，进行数据分析，就是通过分析数据，把数据变化的原因找出并优化解决。

可以在后台的收益数据里面查看一些数据，如美团的数据魔方、携程的数据中心、艺龙的生意经。但是这些数据存在一些缺陷，如数据分析类别不全，部分数据信息不准确。

▽ 经营效果分析

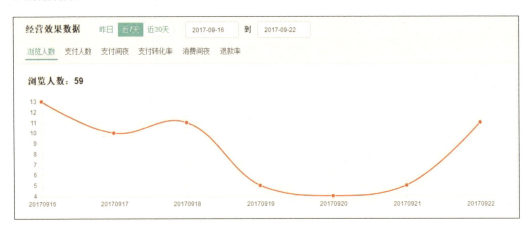

可以利用数据软件进行数据采集分析，最常见的是 EXCEL 表格。除此之外，还可以利用可视化数据处理软件，让数据变得更加直观形象。

在这里给大家介绍一款不错的软件，叫 BDP 个人版数据可视化软件。操作简单,有对应的平台销售模板,可以直接修改模板上的数据进行统计操作。

OTA平台上的数据分析比较简单,不像电商平台那么复杂,主要有以下几类。

(1)订单数据分析。

① 月订单总数。

② 月订单总间夜数。

③ 月订单取消数。

④ 订单平均间夜数。

以月订单取消数为例,假如经过一段时间统计,某段时间的取消订单量增加,那么就要分析订单取消的原因是什么,接下来如何避免过多的取消单。

订单取消的原因,可能是行程变化,或客户选择了其他家,或客户嫌订单确认速度慢,等等。在这些原因中,有些是由于民宿方引起的,比如订单确认速度慢,没有及时联系客户、向客户解答相关问题。

对于取消的订单,最好也要联系客户,询问客户取消的原因。接下来针对由民宿方引起的问题,及时优化,并制定一些补救措施,尽量减少取消率。

(2)流量数据分析。

① 浏览量指数。

② 转化率指数。

③ 支付转化率。

(3)客户点评数据分析。

① 月点评数量。

② 各指标维度数据分析,如卫生、位置、服务、设施等指标。

如某家店通过一段时间对点评数据分析,服务分数较低。那么可以根据点评内容找出原因,接下来对员工做服务培训等工作,提升服务水平。

(4)产品数据分析。

① 房型平均价格。

② 各房型销售总量。

每个房型的月销量不同,有的甚至存在很大差异。这就要具体通过数据分析,为什么某个房型卖得差?是价格原因还是其他原因?从而进行针对性优化。

# 所有OTA玩法实质=曝光量×转化率

当一个客户有出行想法,到最后预订下单,一般会经历五个环节,具体流程为需求唤醒环节→搜索预订环节→浏览比较环节→预订下单环节→反馈分享环节。

### 1. 需求唤醒环节

(1)时间唤醒:时间上充裕,主要在节假日,如五一劳动节、暑假、十一国庆节等。

(2)事件唤醒:出差、毕业、蜜月等事件。

(3)心情唤醒:如心情不好,想要出去外面调节。

(4)费用唤醒:拥有充裕的出行费用。

(5)内容唤醒:看到关于旅游目的地宣传,唤起内心出行想法。比如观看湖南卫视的综艺节目《亲爱的客栈》时,看到节目里客栈种种的美好,会唤起出行的想法。

(6)比较唤醒:看到自己身边的人去玩,或者在朋友圈、微博看到朋友出去玩,唤醒出游想法。

## 2. 搜索预订环节

有了出行需求想法后，用户就要上网搜索预订民宿。

（1）通过预订平台搜索，如携程、美团、飞猪等OTA平台，或者途家、榛果、小猪等短租平台。

（2）通过百度等搜索引擎进行搜索，如"厦门有哪些好的住宿"这种模糊搜索，然后查询预订。

（3）通过微博、朋友圈、知乎、小红书、抖音等内容平台进行搜索。

（4）去旅游攻略社区寻找，如去马蜂窝网站，阅读旅游攻略，找出自己喜欢的店。

（5）翻出一些以前在自媒体平台上看到的文章，然后在OTA平台上搜索。

关于这5个渠道搜索，会呈现出2种有意思的变化。

（1）用户的搜索习惯在发生变化，以百度为代表的综合类搜索引擎平台的搜索，会逐渐趋向于垂直类的平台搜索。比如之前搜索住宿，大部分人直接上百度搜索。但是目前，很多用户会选择在微博、小红书、抖音上搜索。

（2）用户在小红书此类自媒体平台上，看到民宿信息后，会选择在OTA平台或者短租平台上下单。

## 3. 浏览比较环节

在OTA频道页上，用户通过进入酒店频道、客栈·民宿、团购特价等频道去挑选自己喜欢的住宿产品。

## 4. 预订下单环节

通过浏览民宿详情页，了解完民宿信息后，最终下单预订。

### 1）OTA 平台预订途径

具体到某一个 OTA 平台，客户的预订途径有以下几种：

（1）首页→进入民宿频道→自然搜索→搜索结果页筛选→进入详情页→订单预订。

（2）首页→进入民宿频道→条件搜索→搜索结果页筛选→进入详情页→订单预订。

（3）首页→进入民宿频道→点击广告活动展位→结果页筛选→进入详情页→订单预订。

（4）首页→进入民宿频道→点击会议·团队房、民宿客栈子频道→结果页筛选→进入详情页→订单预订。

（5）首页→进入旅游频道→点击"机＋酒"版块→筛选预订。

（6）首页→点击目的地攻略版块→点击游记、问答版块→根据内容里面的民宿信息搜索民宿名字→订单预订。

### 2）OTA 平台订单量公式

OTA 平台订单量公式为订单量 = 浏览量 × 转化率 − 取消量。

由该公式可以看出，一家店的订单量取决于三个要素，即浏览量、转化率及取消量。当浏览量、转化率越大，取消量越小时，民宿的订单量就会越多。

（1）浏览量。

浏览量（流量）即用户浏览民宿的次数，也可以叫作流量、曝光量。在 OTA 平台上，民宿流量主要来源于以下 5 种。

① 搜索流量。

搜索流量是客户在民宿频道，通过搜索，浏览搜索结果页，最终点击进入某一家民宿的流量。搜索流量是民宿来源占比最大的一个入口。关于搜索流量，下一章节会单独介绍。

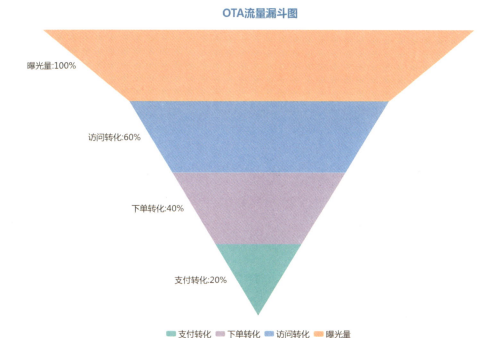

△ OTA 流量漏斗图

② 广告、活动展位流量。

民宿除了在民宿频道展示,还可以通过广告、活动展位、专题的形式进行展示曝光。

③ 产品线流量。

产品线越多,曝光机会就越多,展示在用户面前的机会相应也越多。一个综合性的 OTA 平台,除民宿频道外,还有团购频道、旅游频道等。在民宿频道,还有客栈·民宿、团队·长住房版块等。

以携程为例,民宿可以布局多个产品线。

a. "景+酒""机+酒"产品,即景区、机票+民宿的套餐模式。这个产品不能自行设置,需要联系业务经理上线处理。

b. "会议、团房"产品,可以在后台 "会场管理" 版块自行设置。

c."团购"产品，可以在后台"团购"版块自行开通。

d."民宿·客栈"产品，目前客栈民宿既可以通过在"酒店频道"搜索，也可以在"客栈·民宿"版块搜索。

e. 跟团游、主题游、一日游、周边游、亲子·游学等旅行路线产品，民宿可以联系旅行社，通过旅行社的整体打包上线 OTA 渠道。

此外，途家并购的蚂蚁短租、大鱼等平台上面的房源，也会出现在这个频道里。

美团民宿版块由旗下榛果民宿提供房源。客栈民宿公寓等住宿形态的店，除了签约美团直销，还可以上线榛果民宿，以获得更多的曝光机会。

④ 内容流量。

内容流量主要出现在 OTA 平台的旅游版块。在旅游目的地版块，用户可以撰写目的地旅游攻略，或者回答相关目的地的问答，对民宿信息进行曝光。关于内容流量具体操作方法，后文会专门介绍。

⑤ 自主访问流量。

自主访问流量主要来源于 4 种渠道，即站外流量、复购流量、口碑流量、收藏流量。自主访问流量的形式：客户打开 APP，直接在搜索框输入民宿名字进行搜索；或者打开收藏，点击进入；或者打开订单，再次预订。

a. 站外流量：民宿在线上做推广，把用户引流到 OTA 平台上进行浏览预订。

b. 复购流量：消费过的用户，重复多次预订。

c. 口碑流量：用户经过他人推荐或者其他内容推荐，在 OTA 平台上直接输入民宿名字，浏览预订。

d. 收藏流量：收藏过民宿的用户，进行预订下单。

在这 5 种流量中，每种流量占比并不是等额的，存在着很大的差异。其中，搜索流量占比最大，而搜索流量主要来自民宿排序。所以想要拥有更多的搜索流量，重要的是做好民宿排序。各个流量渠道占比可以看下图，此图是大致的模拟占比,具体到每一家,并不一定真实。

搜索流量在整个流量中占比最大,但是同时竞争也是最为激烈的,尤其表现在排序的竞争上。为了有一个更好的排名,应使出浑身解数,竞价排名、刷单,等等。以携程为例,在一些竞争激烈的地区,佣金最高提升到了40%。

剩下的几种流量来源渠道,虽然占比小,但是竞争也比较小,整体的竞争壁垒很低。很多民宿把精力用在排序竞争上,这部分的流量基本被忽略了。如果能够做好,也不比搜索流量占比小。

综合来看,搜索流量是每家必争的流量,在做好搜索流量的基础上,或者不具备排序优势的店,可以把精力转移到剩下的几个流量来源渠道。

(2)转化率。

浏览量(流量)是基础,转化率是关键,它决定了客户是否最终下单。做好转化率,才能够真正产生更多的订单。OTA平台上的转化率包括三个部分,即点击转化率、预订转化率及支付转化率。

① 点击转化率。

点击转化率指客户在搜索结果页面,浏览每家民宿的列表展示页,最终点击进入一家民宿详情页的概率。以去哪儿PC端为例,一个搜索结果页面展示了30家民宿,点击转化率就是指客户最终在这30家民宿中点击进去某一家的概率。

点击转化率受民宿曝光量和列表页信息影响。

② 预订转化率。

预订转化率指用户进入一家民宿详情页面,浏览完详情页信息,产生预订动机后,点击房型预订,进入订单填写页的概率。预订转化率受民宿详情页信息、预订环节及竞争对手等因素影响。

③ 支付转化率。

支付转化率指用户进入订单填写页,最终完成预订下单的概率。

关于如何提高转化率,接下来会详细讲解。

预订流程越简单，可操作性越强，预订成功转化率越高。预订一般分为三个步骤：填写订单（预订信息、保险信息、联系信息、发票信息等）→担保、支付订单→订单确认。

填写订单是预订必不可少的一个步骤，担保、支付订单和订单确认这两个步骤，则可以根据不同的订单类型省略。在淡季或者入住率较低时，可以设置一些现付订单，旺季时可以多设置预付订单。

最后，要提升订单确认速度。确认速度太慢时，很有可能会被客户取消订单。

（3）跳出率。

与预订转化率相对应的就是跳出率，也就是进入详情页最终流失跳出的量。那么影响跳出率的因素有哪些呢？

① 详情页信息。

a. 图片数量少、质量差。

b. 简介文字少，内容没有吸引力。

c. 房型价格信息复杂、混乱。最常见的就是出现多个供应商和多个订单类型，让客户难以抉择。

d. 点评分数低，差评多。点评数量太少。

② 取消退改政策。

取消退改政策也是影响跳出率的一个重要因素，尤其是"不可取消"政策，用户一旦预订就无法取消。

民宿设置"不可取消"政策主要是从收益角度考虑，因为取消量影响着民宿收益，但是该政策存在着以下风险。

a. 差评风险。客户在与民宿、平台沟通无效后，愤而给民宿一个网络差评，会给民宿造成后续的不良影响。

b. 投诉风险。这个风险主要来自当民宿超订之后，与客户协商取消，客户需要联系平台。在这个过程中，极易被平台评定为"确认后满房"违规。

"不可取消"政策允许客户取消的前提是只要民宿同意免费取消或者扣除部分费用，平台也会给客户取消。

如果是"免费取消"政策，那么对客户就没有约束力，可能会造成大量的订单取消和 No-Show，对民宿收益造成较大影响。

所以比较合理的是设置"限时取消"政策，给客户一个时间限制，同时也尽可能避免民宿损失。

③ 订单支付环节。

虽然目前消费者付费习惯发生了很大改变，但还是有部分客户喜欢到店付费。如果订单需要担保或只能线上支付，部分客户很可能跳出。

④ 竞争对手。

目前很多 OTA 平台在一家店的详情页最下方，会匹配展示同区域的竞争对手。客户很可能跳转到其他家，然后拿两家店进行对比选择。

---

**课后思考**

（1）在需求唤醒环节，还有哪些因素会唤醒客户出游的想法？

（2）民宿在 OTA 平台还有哪些曝光方式？

---

## 5. 反馈分享环节

客户住宿完之后，对民宿进行点评反馈，并在微信朋友圈、微博、旅游攻略社区等平台分享。

# 怎样比别人获取更多的搜索流量

OTA 平台上的流量来源主要由 4 部分组成。

（1）自然搜索流量，通过在平台排名的方式进行推荐曝光，以获取流量。

（2）通过内容、活动等形式进行站内营销，在 OTA 平台上获取流量。

（3）付费流量，通过购买广告位或者一些付费推广工具，来获取流量。比如美团的推广通，去哪儿的民宿直升机工具。

（4）自主访问流量，流量来自之前浏览、收藏、消费过的用户。这部分流量占比较小，比较适合本地客户较多的民宿。

获取自然搜索流量的关键是排名，排名越靠前，曝光机会越多。获取第二种流量的关键是内容和活动。

OTA 平台能够给一家店带来自然流量，但是，这种流量不是等额分配的。排名高、有产品优势的店对流量有更大的吸引力。

这里讲的产品优势包括两个方面：其一是一家店的硬实力，包括位置、价格等；其二是一家店的软实力，包括点评分、附加服务，以及所呈现出来的性价比，等等。

淡季时，自然搜索流量本身就少，再加上这部分流量会被排名高、有产品优势的店瓜分大部分，剩下的一小部分流量远远不能满足大部分的店。这时候，店家需要自己引流，靠自己去导流，尽可能让民宿获取最大程度的曝光。在 OTA 平台上，可以做以下三个方面的营销。

## 1. 活动营销

可以在平台上参与各种活动来做营销推广。

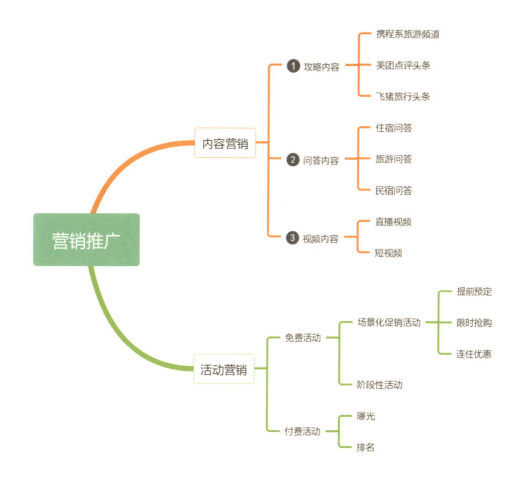

△ 民宿营销推广策略

## 1）参与平台活动

平台活动有一定的逻辑。活动主题是什么？针对什么类型的客户？展示在什么位置？活动时间多长？活动位置越好，曝光优势越明显。最好出现在客户不用刻意找的位置。通过活动，获取额外曝光，提升转化率，获取可观销量。

## 2）参与活动时的思路

首先，要分析活动主题是什么，针对哪种客源，展示渠道有哪些，推广资源有哪些，是否与自己的店相匹配。只有适合自己的活动才有很好的效果。推广资源一般有 4 种渠道，即 APP 渠道、PC 端渠道、新媒体渠道、搜索引擎渠道。

其次，要了解区域内已经参与活动的商家数量有多少，如果参与的商家太多，就失去稀缺性优势，参与意义不是很大。

最后，要分析参与活动的竞争商家，主要分析价格。当客户点击进入活动专题页面后，怎样才能在一众竞争者中吸引到客户？除部分专题活动外，大部分的活动都是利用优惠价格吸引用户，所以活动中最吸引用户的点是价格。

### 2. 促销营销

#### 1）自主促销

目前，各平台一般提供 4 种不同场景的促销类型，即今夜甩卖、提前预订、连住优惠、限时抢购。每种促销类型的场景都不一样，要具体情况具体使用。促销活动展示主要是标签展示和流量入口展示。

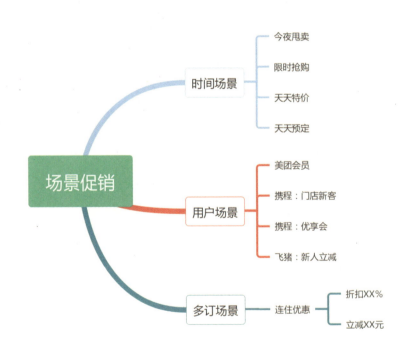

▷ 场景促销策略

一般在列表页上展示标签。

▷ 标签展示

例如携程，参与创建过促销活动的民宿，流量入口主要有以下3个。

（1）民宿频道里的二级频道。

（2）特价民宿频道。

（3）民宿 banner 页。

携程促销类型如下图所示。

▷ 携程促销类型

注意：如果一家店同一个房型同时参与了多个促销活动，比如参与了门店新客、天天特价等多个活动，在计算折扣时，以最高折扣力度为标准进行计算，但是不叠加计算。如果同时参与优享会、直通车，那么叠加计算。

### 2）利用优惠券、红包工具

商家也可以设置优惠券或红包进行促销，以吸引客户下单消费，提升间夜量。

客户可以通过条件搜索，搜索"促销优惠"，参与促销优惠的商家会出现在搜索结果页。在淡季流量较少的时候，民宿可以多参与一些促销活动，通过在价格上让利给客户提升销量。

## 3. 付费营销

平台通过各种形式，对民宿进行包装，以获取更多曝光量。目前付费营销最常见的类型有3种。

（1）广告位。除了免费活动广告位，平台还会提供一些有偿广告展示位。商家可以直接付费购买，也可以通过等价免费房资源或者积分换取。通过在平台上购买广告位，来获取曝光量。

做广告营销，首先要考虑广告展示的位置及推广渠道。不同的位置，带来的流量不同。展示位置越好，展示时间越长，价格相应越高。

（2）OTA平台自媒体推广。每个平台的自媒体渠道都拥有可观的粉丝量，最常见的自媒体平台是微信公众号。

（3）搜索营销。民宿名字出现在民宿频道的搜索框内。

付费营销值不值做？

OTA平台目前是较精准的获客渠道之一，在OTA平台上投入广告，投入产出比（ROI）相对于其他平台要高得多。

自媒体平台更多是品牌展示渠道，获客较难，相对转化率一般不会很高。在 OTA 平台上投入广告相对较值。

下面以携程砖石展位的广告为例。携程砖石展位在 PC 端有 3 种不同位置展示，即"热门民宿""达人推荐""首页热门"。砖石展位广告费参考价为 600～1500 元。可以申请不同的时间段在砖石展位投放广告。建议选择 APP 端的广告位，目前预订客户大部分都是通过手机 APP 端完成预订的。

相较于携程较为单一的广告位推广，去哪儿则拥有不同的推广类型，商家可以有更多的选择，在后台可以随时关注。

# 影响点击转化率因素有哪些

在浏览搜索结果页面，影响客户点击进入具体某一家店预订详情页的因素有哪些？

▷ 订单转化预订步骤

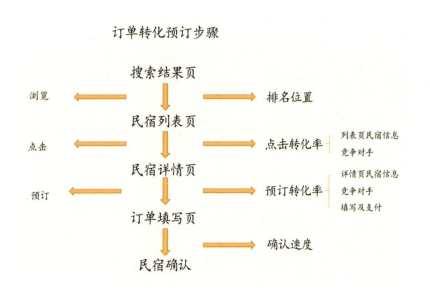

在手机上浏览 APP 页面时，通常情况下，视线移动及注意力都是从上往下、从左往右。那么，哪些因素会影响客户的预订决策呢？客户的预订动力和预订阻力分别是什么呢？

首先，要清楚列表页上的信息分布。最左边是首图信息，中间是民宿的基础信息，右下方是价格信息。

从上往下的信息依次是民宿名字—点评信息（点评分数、点评数量、点评标签）—位置及商圈信息—标签信息—最新预订时间、消费人次信息等。

### 1. 首图信息展示

在 OTA 平台上，首图位于列表页的最左边，是用户最先浏览的信息。在民宿垂直类预订平台，首图位于展示页最上面，且占据着整个页面的绝大部分。

可见，不管是哪个平台，首图的重要性都不言而喻。没有人愿意通过一张差劲的首图点开详情页面。如果首图具有吸睛的效果，那么客户点击进入详情页面的概率会越高。关于如何选择一张图片作为首图，后文会详细讲解。

首图信息通常由基础图片和一些标签共同组成。如携程首图上的"HOT"和"优享会"标签、去哪儿的金冠标签、艺龙的达人推荐标签、飞猪的"ins 风"标签等。

这些额外的标签信息能够吸引客户，让用户产生信任感，从而提高点击转化率。

### 2. 民宿信息展示

#### 1）基础信息

基础信息包括名字、评分信息（点评分数、点评数量、点评标签）、地理位置/商圈。

好的名字能够瞬间吸引用户注意力，其一是名字本身的美感，其二是名字组成要素里的卖点信息。很多用户预订的初衷都是好听的名字。关于如何起一个好的名字，后文会详细讲解。

关于点评信息，如果点评分数越高，点评数量越多，用户对其认可度会越高。同时，在条件搜索中，口碑好评也是条件搜索中的重要筛选条件之一。好评率越高，出现在搜索页面的排名会越靠前，曝光率越多，从而转化率越高。

除此之外，点评标签（住客印象标签）也是影响转化率的一项因素（部分OTA平台没有）。点评标签是平台抓取点评内容关键词信息生成的，如"交通便利""服务周到""前台热情""庭院幽幽"等。

要想通过点评标签影响转化率，关键是能够体现出差异化，制造出吸引点。

| 所有住客 | | 偏好相似住客 |
|---|---|---|
| **4.6分** 超棒 3786条 | ∨ | **4.6分** 超棒 1275条 |

| 房型 ▾ | 出游类型 ▾ | 推荐排序 ▾ |
|---|---|---|
| **全部**　有图(163) | 待改善(124) | 偏好相似(1275) |

服务周到(394)　　环境不错(281)　　交通方便(280)

位置好(278)　　房间很好(231)

▷ 点评标签

### 2）标签信息

标签信息是为了区别于同类型的店，吸引用户，提高预订率而设置的。标签信息有不同的类型，下面就详细讲解一下。

（1）属性标签。

属性标签是对一家民宿卖点、特色的精炼概括，是区别于其他家的最显著

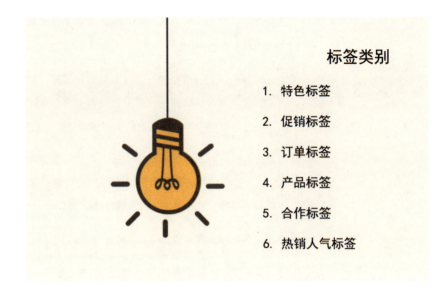

▷ 标签类别

的特色标签，如下所示：

周边游：有供客户游玩娱乐的项目，如音乐会、篝火晚会、定制旅游路线。

海景：位置在海边，客户可以欣赏到海景。

度假：环境适合客户度假，放松心情。如配套设施完善，环境优美清静。

美食：内部或者周边有各种美食，如美食街等。

情侣：有情侣特色，如在设计上浪漫唯美，有浪漫情侣房型。

亲子：有儿童娱乐项目，如游乐场。

商旅优选：交通便利，配套设施齐全，如有会议室等。

可以根据客栈民宿的特色，选择三个左右合适自己店的标签，在差异化竞争中凸显出来，从而打动、吸引客户，提高预订率。

生成属性标签时，有的需要业务经理设置，有的需要平台根据点评内容关键词生成。

有些平台的属性标签设置在首图上面，如飞猪平台。

（2）促销标签。

为了吸引用户，平台通过设置不同的优惠信息来吸引客户进行预订，以帮助民宿提高预订率。下面列举两个平台（携程、飞猪）的促销标签。

携程平台的常见促销标签：代金券、会员红包、早订优惠、连住优惠、手机专享、闪住、可返、美食预订。标签在 APP 端和 PC 端展示会有所差异。如"促"标签只在 PC 端展示。

目前店家没有权限设置"促"标签，得联系业务经理设置。关于促销的内容，切忌出现空话、模糊的话语。好的促销内容是让用户在阅读完内容后，心里能够明白自己能得到什么。

如"预订优惠连连"就属于促销模糊语言，用户并不清楚到底有什么优惠。如果促销内容换成"预订后免费接机接站一次"，"免费接机接站"就是优惠的具体内容，客户可以从促销内容直接感受到优惠。

下面列举 3 种比较好的促销内容：

① 免费送礼。入住免费送一份果盘，入住免费送 XX 景区门票。通过免费送礼方式，提升竞争力。

② 免费接机或者接站。

③ 连住两天，免费接机或者送机一次。

接下来对以下标签进行解读。

美食预订：有美食预订标签的店家，可以提供早餐、中餐、晚餐、下午茶、烧烤等餐饮项目。在"酒+x"版块里面的"民宿餐饮"创建添加。添加成功后平台会自动打标"美食预订"。

早订优惠、连住优惠：通过早订优惠和连住优惠来吸引客户预订。可以在后台的"优惠促销"版块里设置。

代金券、优惠券：通过使用携程发给用户的福利，来抵销一部分房费。

可返：预订结束后，可以返还部分房费，比如返还 2% 的房费。

礼盒：入住民宿享有礼品，比如免费水果、免费接送机。目前店家在后台没有权限设置这个标签，得联系携程业务经理设置开通。

飞猪平台的常见促销标签：

图片标签：360°全景、情侣精选、亲子精选、ins风、优选美宿。

促销标签：立减、9折特惠、8折特惠、7折特惠、信用住、限时特惠。

卖点标签：预约发票。

产品标签：团购。

（3）产品标签。

产品标签有团购房、钟点房、团队房。

房间类别信息越丰富，越能够吸引到不同需求的客户，越有利于提升预订转化率。

在线选房是平台推出一项新功能，即客户可以选择具体的房间。而常规预订只能选择房型，选不了具体房间。通过在线选房，能够提升用户预订体验度，从而有利于提升预订转化率。民宿开通在线选房功能后，用户可选择支持在线选房的产品提交订单。

（4）订单标签。

订单标签有闪住、信用住、溜溜住。

闪住、信用住是一种新型订单类型，前文订单类型里有详细的讲解。只要在后台开通后，平台会自动打标，并在列表页展示出来。

（5）合作标签。

一种情况是，若民宿和某个平台有深度合作，平台就会通过挂牌的形式给予身份认证。如携程的特牌、金牌、银牌；艺龙的龙冠、皇冠、砖石；去哪儿的特牌、金牌、银牌；途牛的特选、精选、优选。

另外一种情况是，如果一家民宿达到平台的某些条件，就会给予挂牌认证。

以美团为例，一家店的HOS指数只要达到相关标准，平台就会给予银冠、金冠、彩冠3种挂牌认证。比如HOS指数≥4分，并且用户综合评分≥4分，就可以向业务申请金冠。

合作标签以平台作为强大的背书，容易让客户产生信任感，有利于提升预订率。标签内容越丰富，越有利于吸引客户，同时，在条件搜索中越容易被搜到，能够优先展示在预订客户面前，对于点击进入详情页面的概率越大。

（6）热销人气标签。

热销人气标签表明一家民宿的受欢迎程度，一般在首图位置上展示。比如去哪儿网的"二星级人气热卖"标签，当民宿的销量在一段时间内达到平台规则要求，比如销量达到所在城市前5%，平台会自动展示这个标签。

（7）案例展示。

下文以美团为例，主要从标签种类、标签展示、标签获取方法和标签对应的用户群体4个方面详细阐释美团民宿列表页上的各类标签。

① 活动标签：通过参与美团不同时段推出的一系列活动，系统会在列表展示页打标，以吸引浏览的用户点击预订。

"延时退房"标签：民宿推出的一项具有竞争力的服务，客户预订有此标签的民宿，可以延迟至下午14点退房，在民宿里额外多享受两个小时的入住时间。该标签对于一些想晚退房的客户很有吸引力。

开通方式：在美团点评后台的"促销推广"版块里的活动报名处参与。

"天天特价"标签：民宿推出的一种促销活动，客户能够在预订房型的时候，享受在原价基础上9折、9.5折的优惠，以吸引对价格敏感的用户进行预订。

开通方式：在美团点评后台的"促销推广"版块里的活动报名处参与。

"连住特惠"标签：民宿为了鼓励、吸引用户延长入住时间，而推出的一种促销活动。客户连续预订多个间夜时，可以享受不同程度的折扣。该标签对于价格敏感人群具有吸引力。

开通方式：在美团点评后台的"促销推广"版块里的活动报名处参与。

② 服务标签：民宿通过在美团后台开通一些服务项目，系统会自动打标到列表页。

"预约发票"标签：民宿提供给客户的一项在线预约发票服务，客户退房时可以直接在前台领取，能够有效节约客户的时间，提升客户入住满意度。该标签对于有发票需求的商务客户等群体有较强的吸引力。

开通方式：在美团后台的基础"民宿信息"里的附加信息版块开通。

③ 属性标签：根据民宿的特色、地域、景色、功能等一些特征，赋予以下这些属性的标签，能够突出差异化，把卖点、特色展示出来，吸引用户预订。比如机场附近的民宿可以提供接送机服务，那么可以申请开通免费接机标签，有效提升预订转化率。

功能属性标签：亲子民宿、商务出行、情侣约会、别墅派对、购物便捷、学校周边、交通枢纽、休闲度假、共享充电宝、免费接机、洁净模范等。

地域属性标签：根据民宿所在地，匹配相应的标签。如白族风情、纳西风情、寺庙祈福、下江南、海滨风光等。

特色属性标签：会议民宿、滑雪民宿、温泉民宿、复式 loft、四合院等。

风景属性标签：山城老街、森林氧吧、登山徒步、雪山胜景等。

季节属性标签：踏春赏花、西湖春色等。

开通操作：目前商家在后台没有权限开通此类标签，可以联系区域业务经理设置。

④ 头图标签：除了在列表页有各种标签，美团的民宿头图也有各种标签，更引人注意。美团的头图标签，有些属于活动标签，有些是平台推荐类标签。

"会员民宿"标签:"会员民宿"是美团推出的和商家的一个较为深度的合作项目,能够吸引美团会员预订带有"会员民宿"标签的店。美团会员在预订房间时,可以根据会员级别享受不同程度的折扣,以及一些延迟退房服务,比如美团银卡会员可以享受 98 折优惠,金卡会员可以享受 95 折优惠。

开通方式:在后台的会员中心版块参与。开通后,系统会自动打标。

"本周推荐民宿"标签:此标签是以美团平台为背书,向用户推荐民宿。能够赢得用户信任,有效提升订单转化率。

开通方式:可以用积分兑换这个标签,需要消耗 800 积分,并且需要民宿 HOS 指数为 3 分以上,可以展示一周的时间。

### 3)最新预订

最新预订时间与潜在客户的搜索浏览时间越接近,客户对其认可度越高,越有利于提高转化率。客户预订时间不是由店家决定的,店家几乎没有操作空间,只能说销量越好的店家,预订时间分布越接近潜在客户搜索浏览时间,越有利于提升转化率。

根据携程最新的大数据报告显示,每天早上 9 点到晚上 11 点为消费者的主要工作和休闲时间,也是预订民宿的主要时间段。在这个时间段,下午 4 点和 5 点为预订高峰,上午 11 点和下午 9 点为预订次高峰。那么,可以在这两个预订高峰的靠前时间段,通过转单的方式,制造最新预订时间。

### 4)消费人次

消费人次信息表明这家店的受欢迎程度,消费人次越多,说明该店越受客户欢迎。和最新预订信息一样,二者会给浏览的用户一份心理上的保证。目前,只有个别平台会有消费人次信息展示。

最新预订时间越接近用户浏览时间,消费人次越多,那么会给用户心理暗示(这家店很火,比较靠谱),能够有效提升转化率。

### 5)最低价格

用户在搜索民宿时，在列表页看到的价格是一家店的最低房型价格。价格依然是用户筛选民宿的一个重要参考条件，所以最低价格的设置对于用户点击进入详情页的概率至关重要。那么怎样设置一个合理的最低价格呢？

精细化的最低价格管理，对流量转化起着至关重要作用。设置最低价格是为了和竞争对手争夺流量。在 OTA 平台上，一家店的竞争对手广义上包括两部分：一是排名趋近的店家，二是价格趋近的店家。

首先，在同一个商圈内，最低价格的设置区间可以参考各个区间的竞争激烈程度，要避开竞争激烈的区间，在竞争少的区间设置。比如某个商圈内共有民宿 125 家，其中最低价格为 100～200 元的占 80 家，那么这个区间的商家竞争激烈程度可想而知。一味进入低价竞争激烈的区间，只会陷入价格战，越战越乱，越战利润越低。

一个商圈的流量，总是会有层次感，只是这种层次感的流量分布会有所差异，整体会呈现金字塔式或者梭子式。

其次，最低价格的设置要参考排名相邻、同档次店的价格，包括排名比自己店靠前、比自己店靠后的竞争对手。处理原则是最低价格一定比这些店的价格低，哪怕低一块钱也有竞争力。

小结：

（1）搜索结果页展示的最低价格是平台返现给用户后的价格，设置权限不在店家手中，而由平台决定。

（2）最低价格是吸引客户点击搜索结果页进入的一个重要因素。

（3）最低价格要随时变化，根据不同时间、不同名次，要比排在同一页面的同档次店的最低价格低一点。

最低价格应符合客户心理预期价格，才能提高点击转化率。

# 简介就是文案，能够吸引人的简介是什么样子

通过文字简介可以对一家店作全面介绍，可以让客户对这家店有更深入的了解。简介就是文案，提升转化率是文案一个特别重要的作用。

OTA 平台上的简介是用来提升转化率的，因为平台上的用户都是很精准的用户。简介越吸引人，越能撩动客户的心，越能提高预订转化率。那么怎样才能写好简介呢？

阅读前提示：下文对文字简介的讲解主要针对民宿，酒店可以作为参考。

一段好的文字简介要突出卖点、场景化体验、情怀。要有硬性的元素，也要有软性的元素。硬性元素包含店的基本信息，如地理位置、房间、设施设备、周边、配套等。

除此之外，还需要介绍软性元素，如介绍老板掌柜、情怀、场景化体验等，让客户感受温暖。

1.0 版本简介：某某民宿位于某某，占地某某，房间有某某个，房间内配备齐全，24 小时热水供应，有无线网络，有独立卫生间，可以停车。

随着客户的需求发生变化，简介的版本升级到 2.0，文案中不再侧重描写其硬件条件，而是侧重写店内的软性条件。

想要写好一篇客栈民宿的软文，2 个要素必不可少，即故事、场景。同时，要时刻关注客户需求的变化，在消费升级及消费理念发生变化的背景下，只有更了解客户的需求点，才能相应写出更好的简介。

简介不是一成不变的，不能写好一个版本后，一直用十几年，要时刻根据客户需求进行调整补充。

怎样才能洞察到客户的需求变化呢？可以从三个方面来了解：第一，可以

时常跟客户聊天，了解客户关注的点是什么，客户预订的原因是什么；第二，和往年的销售数据进行对比，了解发生了哪些变化；第三，看一些平台的大数据报告。

## 1. 故事性描写

故事文体相较于其他文体，更具有吸引力，更能吸引客户阅读。可以从以下两个角度来写一个故事。

### 1）老板的故事

每一位开民宿的老板都带有一份情怀，大部分民宿主不会说"我就是来挣钱的"。他们和客户聊天时，可能会说"因为旅行，喜欢上了某某地，正好那时工作到了瓶颈期，或者工作压力大，再或者厌倦了工作，就决定在某某地开一家民宿，想要过一种逃离城市的不同生活"。

民宿主是一家民宿的灵魂，主人的故事及魅力如果能打动人心，足以转化成预订率。可以从下面两个方面描绘老板的故事。

（1）建设民宿的初衷。为什么来到某某地开一家民宿（从情怀角度展开）？想要给客户提供一个什么样的空间（从设计角度展开）？

（2）对民宿主自身展开描述。民宿主是谁（身份）、是一个什么样的人（性格）、喜欢什么（爱好）、擅长什么（能力）。物以类聚，人以群分，这同时也是一个细分客群的好方法。具有相同爱好的人更容易接近，如果民宿主是一个茶道高手，那么喜欢喝茶的客户更容易选择该民宿预订。因为他们有相同的爱好，价值观更加匹配。

### 2）民宿的故事

如果民宿由一个百年的老房子改建修缮而成，或者由一个破旧的房子改建而成，可以描写发生在民宿建设过程中的故事，如房子建设后由于政策原因，不得不拆除一部分再重新修建，历经九九八十一难，民宿最后才建成了。

或者描写为了不破坏房子原始样貌，专门寻找当地的老工匠，用传统的手艺、材料修缮而成的民宿故事。也可以介绍一个店里的小物件，介绍物件的来源、特色，从而从侧面体现出主人的态度。

故事描述不是目的，只是一种形式，主要是通过故事来打动人心或者让读者产生共鸣。共鸣有三种，即经历共鸣、情感共鸣和记忆共鸣。

（1）经历共鸣。通过描述共同经历达到共鸣，如一线城市的空气污染、交通拥堵、忙碌到不能停歇的工作，大部分来自城市的人都有这些共同经历，他们中的大多数人想要改变却在现阶段无能为力。而客栈民宿老板是他们中的一员，最后却抛下这种生活，在他乡开了一家店，过着一种别样的生活，这种经历无疑能够引起大部分人的共鸣。

（2）情感共鸣。利用共同的情感、观念达到共鸣，如民宿文化理念、设计理念等。

（3）记忆共鸣。如小时候在乡下，家家有个小院子，门前对着绿水青山，晚上有各种虫鸣鸟叫声。很多民宿就是基于这种记忆，在一些乡村开民宿。民宿老板就是带着这种情怀，寻回儿时的记忆。通过简介阐述，就会引起读者的儿时乡村记忆共鸣。

## 2. 场景化描写

### 1）生活场景

民宿代表着他乡生活，过一天他乡的生活，成为民宿吸引客户的一个卖点。客户选择出去寻找诗和远方，吸引他们的除了远方的风景，还有远方的生活。

来旅游目的地游玩的人群，大部分来自一线城市，每天朝九晚五的工作让他们疲倦不堪，于是他们趁着休假，收拾行李，来一趟说走就走的旅行。

营造生活场景就是营造一种他乡的生活方式，一种让游客体验截然不同的生活方式。

早晨不用被闹钟吵醒，睡觉可以睡到自然醒。起床后，可以吃店里准备的精美早餐。吃完早餐，可以和老板去当地菜市场买买菜，或者在民宿的小院子里晒晒太阳，逗逗可爱的小狗、小猫，呼吸清新的空气。

下午可以去一些好玩的地方溜达一下，吃吃当地的小吃，买一些好玩的东西，或者由老板带着看当地的一些民俗表演。晚上回来，可以跟民宿里其他住客或者老板一边吃着烧烤一边聊天。这就是一种他乡的生活。当然以上只是一个例子，每个区域的生活不尽相同，在简介里，要充分把生活场景描绘出来。

### 2）体验场景

客户之所以选择民宿，除了纯粹地住宿，还想在民宿这种非标准住宿空间中去体验。所以描述简介时，应用文字和图片营造各种体验场景。

（1）体验当地的文化场景，诸如当地的建筑、语言、饮食、宗教信仰、民俗风情等。

（2）体验当地的游玩场景（简介内容要满足游客对远方的幻想）。

### 3）住宿场景

（1）五觉场景描述法。

住宿场景化描述（在房间里面可以做的事情），即利用住宿中的场景刺激人的五种感觉（触觉、嗅觉、听觉、味觉、视觉）来增强画面感及代入感，给客户营造一种美、舒适、放松、惬意、享受的感觉。

触觉：床品、护理用品、地毯、沙发椅子、塑料、棉、麻、纸、布、金属、皮革、木质器件。

嗅觉：花草香、香薰系统、木材、空气、焚香。

听觉：音响声、鸟声、溪水声、松涛声、波涛声、蛙声、虫鸣声、蟋蟀声。

味觉：茶、咖啡、冷饮、水果、中餐、西餐、当地特色小吃。

视觉：公共空间、房间呈现效果，以及窗外、客栈民宿周边景观。

住宿场景描述性文字一定要细腻，多利用一些修饰词语来描绘。

文字描述时要呈现画面感及层次感。可以这样描述一家民宿的院子："猫爬上了房子，阳光洒在了桌上，花草摇曳着，桃子还在树上。"用文字表现画面感时要与动态相结合，场景多元化。

（2）简介工具。

以往在平台上的简介信息，只能用纯文字去描述。现在在一些 OTA 平台上，可以用"图文 + 短视频"的形式来全面、多方位展示。

如携程在 2016 年推出的一款重磅工具"民宿秀"，可以实现用"图文 + 短视频"的形式来做简介。

操作方法：在携程后台点击"信息维护"版块，点击左侧"民宿图文""民宿视频"版块，进入编辑工作栏。

制作携程短视频时应注意：视频时间不要拍摄太长，30 ~ 90 秒就可以。

① 视频内存：目前对视频内存有要求，不能超过 20M。如果视频内存超过 20M，就需要对视频进行压缩。在这里给大家推荐一款比较好用的压缩软件"小丸工具箱"，压缩后的画质及压缩速度都较好。

视频拍摄时长最好控制在 30 ~ 60 秒，这样就不需要压缩视频。因为压缩视频后上传时，平台还会对视频再压缩一次，视频质量、清晰度就会变差。

② 视频格式：只支持 MP4 视频格式，如果是其他视频格式，应先利用格式工厂等软件转换成 MP4 格式。

③ 视频尺寸：视频尺寸不能小于 854×480。

④ 视频播放平台支持：目前在线播放仅支持 Internet Exploer9+、Firefox、Opera、Chrome、Safari。

⑤ 视频展示：视频展示在民宿详情页第一张照片的位置，同时，也在民宿相册第一张照片及民宿详情页/设施页面的位置，在图文详情页模块上方展示。

要是没有专业的拍摄工具，如单反、航拍器、滑轨、三脚架等设备，通过手机也可以拍摄出一部小短片。

准备工具：手机一部，手机三脚架一个。剪辑视频工具可以考虑 VUE、乐秀、美摄等 APP，都是不错的手机视频剪辑工具。

拍摄内容：周边+公共空间（大堂、书吧、健身房、茶室等）+房间+活动。如果条件有限，也可以用照片通过相关软件做一个视频。

撰写图文内容时，可以先用排版软件把内容做好，再复制粘贴到"民宿秀"编辑区域内。

撰写内容可以分成几个主题，如周边介绍、房型介绍、公共空间介绍，以及一些交通信息等内容。撰写内容时，文字中不要出现"最""首""极"等违背广告法等词汇。同时，要保证图片拥有合法版权。图文内容字数不要太多，控制在 1000 字以内。

对于上传民宿短视频，除了在民宿详情页展示，还有机会在民宿频道里的"发现特色"版块展示。

另外，去哪儿制作的"民宿秀"都是使用同一模板。文字抓取民宿文字简介信息和点评信息，图片抓取民宿在详情页上的图片信息，整体呈现效果不是很好。

写简介信息时，一定要关注以下两点。

① 卖点信息：你的店和其他店比起来，优势及差异是什么？客户是否感兴趣？

② 生活态度、理念：持有共同或者相近的生活态度、理念，有着相同的气息，总能吸引到同类。在简介中，要适当表达出客栈民宿主人的态度、理念，如对自然尊崇、敬畏，对生活认真、感恩。

上面介绍的多是景区民宿的简介描写。对于城市民宿而言，上述的部分内容就不太适合。无论是景区民宿，还是城市民宿，文字简介的作用是吸引客户预订。那么，首先应分析客户的需求是什么，客户的关注点是什么。

对于住景区民宿和城市民宿的客户而言，他们的需求和关注点并不相同。比如，对于城市民宿而言，客户的关注点可能更多的是位置信息、交通便利性。只有很清楚地了解了客户的需求，才能写出有吸引力的简介。

### 3. 小结反思

不管是哪种类型的住宿，描写简介时，要遵守三个法则：内容可读性强，内容具有吸引力、煽动力，通过内容解决客户顾虑。

### 1）内容可读性强

（1）内容本身可读性强。最重要的是开头要有可读性，能够吸引客户阅读浏览下去。可以多用故事开头，介绍民宿主人的故事等。

（2）内容排版可读性强。可以采用分标题式描写，先把要描写介绍的信息提炼出标题，然后把这些标题按照逻辑顺序进行排序。先写哪个，再写哪个，最后写哪个，让内容有逻辑性。比如房东介绍＋位置信息＋房间配置及设计风格＋场景化＋交通＋入住须知等。

（3）内容形式要丰富，采取"图片＋文字""图文＋短视频"形式来展示表达。

### 2）内容具有吸引力、煽动力

（1）房间产品描写。

（2）场景化描写。

（3）卖点、附加服务描写。

### 3）通过内容解决客户顾虑

可以做一份问卷与答案，把客户顾虑、担心的事项做成问卷，然后回答。

（1）预订注意事项。

（2）如何到达。

（3）入住须知（是否要押金、是否可带宠物，等等）。

（4）游玩出行路线规划。

（5）周边配套。

# 五分的点评分是怎样炼成的

互联网时代，网络评论对一家店的运营至关重要。评论的数量及综合分数，是影响一家店在 OTA 平台上排名的重要因素，同时也是潜在客户预订的一个重要参考决策。做好评论维护（评论积累、评论回复）对于提高预订转化率来说十分重要。

从客户的角度看，民宿的整体水平（硬件及软件层面）和客户的心理预期是相关联的。当民宿的整体水平高于客户的心理预期时，获得好评的概率高。当民宿的整体水平低于客户的心理预期时，获得差评的概率高。当民宿的整体水平持平于客户的心理预期时，获得中评的概率高。

## 1. 获取好评

获得好评的方法有很多，最直接的方法是提醒客户写好评。一种是间接暗示法，在房间里写小纸条，如"如果您觉得满意，记得给我们一个好评哦"，提醒客户不要忘记写评论。

另一种是直接提示法，在客户入住或离店时，民宿工作人员提示客户"如果写好评，就会享受一些实惠"。比如只要写一个好评，就会有礼物或者优惠券相赠。这种方法直接有效，初期值得提倡，但终归不是长久之计。太过刻意很可能适得其反，容易引起客户反感。

### 1）提供优质、个性化服务

住宿是一种服务行业，应主动、及时、细心提供服务，让客户获得尊崇感。从时间上来说，民宿提供的服务包括三个时间节点，即客户预订前后，客户入住期间，客户离店后。但是很多民宿提供的服务时间节点只是客户入住期间这一时间段。

### 2）基础设施完善

保证热水供应，以及网络、隔音、卫生、硬件设施等完好。如果酒店所处的位置比较偏远，那么要提前联系客户，并把路线发给客户，或者出去接客户，这样在一定程度上可以弥补地理位置造成的缺陷。

### 3）满足客户的心理预期

客户的心理预期包括两个方面，即住宿预期和住宿之外的预期。尤其对于一些客栈民宿，客户之所以选择客栈民宿而不是酒店，是因为客户更想通过住客栈民宿来体验不一样的生活。比如结交有趣的朋友、体验当地民俗风情、听客栈老板的故事。只要充分满足客户心理预期，获取好评自然水到渠成。

### 4）"刺激"客户写评论

并不是每一位客户离店后都会写评论，客户写评论往往是因为受到情绪影响，情绪高亢时会写好评，情绪低落时会写差评。

如果客户情绪比较平衡，一般不会积极写评论。情绪高亢指的是客户很兴奋、受到感动等所产生的情绪。情绪低落指的是客户心里很压抑，在离店的时候这种情绪并没有消失。以下是促使客户写评论的小方法。

（1）离店时，送客户一份小小的礼物。哪怕送给客户一瓶水，这种小东西往往也能产生很大的价值。

（2）客户离店后，要继续和客户保持联系。比如打个电话或者在微信上问候客户是否安全到达。

这两种方法能够有效地"刺激"客户，让客户感受到客栈民宿的温度。这时客户的情绪就被调动起来了，写好评，甚至主动发朋友圈或者微博发文宣传都是自然而然的事情。

### 5）合理地降低客户的心理预期

要把一些困难提前说给客户听，让客户有所了解，降低期望值。

案例：晚上客户想出去玩，让民宿帮忙找辆车，但是由于各种原因，这个时间段的车辆很少。工作人员在答复客户的时候，先把这个时间段找车的困难说出来，降低客户的心理预期，接着说一定会尽力帮客户找到。最后经过工作人员的努力联系，帮客户找到了车。这个时候，客户的心理预期先降后升，对工作人员自然很感激。

### 6）给客户安全感

客户来到一个陌生的地方，往往会缺少安全感。店家要给予客户足够的安全感，例如，对客户讲"出去玩遇到事情就给我们打电话""不要拘束，把这里当作你们远方的家"，这样就把客户和民宿的感情拉近了。

### 7）建立完善点评奖惩制度

（1）获取一个好评，奖励员工 XX 元。如果在点评中获得客户点名称赞，再奖励 XX 元。

（2）遇到差评，通过和客户沟通，把差评删除，奖励 XX 元。

（3）差评是由员工值班期间服务的客户写的，罚款 XX 元。

（4）在差评内容中，如果被客户点名批评，再罚 XX 元。

通过这种奖惩制度，能够有效规避差评风险，并且能够提升员工服务积极性。

获取好评和诱导好评要处于一个平衡的位置，如果评价太过，则会被平台认定为诱导好评。在携程平台，诱导好评属于虚假点评范畴，服务质量分扣 6 分。

什么是诱导好评？以携程对"诱导好评"的定义为例："商家通过提供如现金、实物、赠早、入住优惠、赠会员、升房等作为交易条件，诱导用户做出好评，都属于诱导好评。"

那么，平台是如何鉴别发现民宿存在诱导点评呢？包含但不限于三种途径，即用户投诉、点评内容中提及、平台抽查回访预订用户。

只要用户不投诉、点评内容不提及，该诱导还是诱导。因为不诱导，用户很难有动力去写点评。为了避免风险，尽量诱导点评，不要诱导好评。一般来说，只要用户住得还可以，都还是愿意去写点评的。

## 2. 评论答复

很多平台对评论回复信息进行了优化，以前版本的民宿回复内容都被折叠了，需要进一步点击操作才能显示出来。

目前，大部分平台的民宿回复内容都能够直接展示。所以在这种情况下，点评回复版块成了一个绝佳的展示曝光平台，通过回复，可以把民宿好的方面都展示出来。

### 1）如何做好点评回复

（1）突出民宿特色、卖点，以及增值服务点。

在回复内容中，除了针对点评内容回复，最重要的还要突出民宿卖点等信息，并且不断强化，以此吸引浏览的用户。

（2）快速答复。

答复客户评论实质上是店家和客户进行的一次互动，客户的每一条评论都要答复，并且要迅速响应。

潜在预订客户更关心的是差评答复，答复不要太官方、机械化，要根据评论内容进行针对性答复。

（3）答复内容有趣。

除了上面说的两点，答复内容一定要有趣、有个性。如果民宿能够创造各种有趣的回复内容，一定会吸引客户不断去浏览翻看。这样就能够使潜在浏览用户产生黏性，能够延长客户停留详情页面时间。如果客户不断去浏览点评及点评回复，势必能够更加全面了解民宿，这样对转化预订有莫大帮助。

好的回复一定是有趣的，应根据不同的内容，做出有趣的回复。

### 2）回复点评注意事项

切忌两种答复方式：答复太官方，回复每一条评论都是复制粘贴；遇到差评，不先反思自己的问题，而一味指责客户不对，甚至和客户发生争吵，脏话连篇。

答复时，一定要注意各个平台的回复规则。在有些平台回复完点评之后可以对回复内容进行修改，在另外一些平台则能对回复内容再作修改。如携程，默认回复字数不能超过 200，如果回复内容超过这个字数，可以先回复，然后再去修改评论，这样回复字数就可以超过 200 了。

另外，要注意答复时间，一些平台答复时间是有期限的，比如飞猪的点评回复期限是 30 天，超过这个时间段，点评回复窗口就会关闭。

### 3）点评回复思维

点评回复思维不要局限于只回复客户，或者稍带突出卖点，还有很重要一点，即把它当作一个宣传窗口，介绍关于民宿的最新动态及最新活动等。比如七夕节快到了，民宿将做七夕节活动。那么在提前一个星期策划好活动后，民宿就可以在此期间的点评回复里提及此次活动。

# 怎样利用问答信息做好转化率

民宿问答信息是供客户和店家交流沟通的一个平台，通过这个平台，也能够给浏览的用户提供更多的民宿信息。同点评信息一样，问答信息也是影响客户决策的一个重要参考对象，对于预订转化率来说，起着很关键的作用。

（1）回答客户问题时，内容一定要具体详细。答复的质量要高，要能够真正帮助客户解决问题。案例如下所示：

客户问："您好，从火车站怎样去民宿？"

① 民宿工作人员回答："您可以打车过来"。

② 民宿工作人员回答："您可以在 XX 地坐 XX 路公交过来，到 XX 站。"

③ 民宿工作人员回答："亲，您有两个方案可以选择。第一个方案，您直接从火车站打车过来，车费大约是 XX 元，用时 XX。第二种方案是坐公交过来，在 XX 地坐 XX 路公交，公交大概 XX 分钟一趟，费用是 XX 元，然后在 XX 站下站，走到站对面，再转乘 XX 路公交，到 XX 站下车，下车后地点离我们 XX 米，您可以导航，或者给我们打电话，我们会出去接。全程大约 XX 分钟。"

①和②明显是低质量回复，③给出了方案，并且给出的信息具体，真正解决了客户的需求。

回复的关键是打消客户疑虑，解决客户问题，让客户能够预订。客户会提出一些相关问题，表明客户对民宿是感兴趣的，有意愿去入住的。

那么回复时，除了把客户问题解决掉，还要加一些卖点、增值服务内容，吸引客户预订，比如"预订了我们店，会有免费接机服务哦"。

（2）问答回复一定要及时，一定要在第一时间回复，否则极易造成潜在客户流失。问答和回复都要经过平台审核，并不是即时交流，如果再让客户等很长时间，客户会预订其他民宿。

（3）民宿问答版块不仅可以供店家和客户互动，同时，也可以作为一个卖点及通知的展示平台。除客户的正常问题外，店家还可以用账号写几条问答，把店的卖点展示出来，以此提高转化率。

以民宿在七夕节有促销活动为例。在七夕节前，可以做一条问答。问："七夕节有什么活动吗？预订你们这里能够享受什么呢？"那么民宿工作人员就可以在回复里，把活动内容通过问答形式展示出来。

① 有了问答后，会在后台提示吗？

对于携程、去哪儿的问答内容，民宿工作人员可以直接在后台答复，同时入住过的客户也可以回答。对于美团、飞猪的问答内容，平台系统会随机推送给入住消费过的客户，民宿商家在后台收不到。目前艺龙还没有问答版块。

② 各平台的问答内容排序是什么呢？

答：携程、去哪儿、美团是按照提问时间排序的，飞猪是按照提问的回答数量、提问时间、浏览量等综合排序的。

携程的问答版块只展示两条问答，不展示回复。美团的问答版块，默认展示一条问答，并且同时展示答复内容。所以遇到影响转化率的答复，民宿工作人员一定要在第一时间，用新的问答去覆盖此条问答，不然对转化率影响很大。

③ 各平台问答可以删除吗？

答：目前问答不支持用户删除。如果遇到不好的答复，民宿工作人员可以用新的问答来覆盖。

Chapter
05

民宿店长线下
销售技能

作为一家民宿的经营者，只懂得线上运营是不够的。首先，线上的流量是跟随市场大环境的变化而变化的。在旺季，客户出游需求大，大多数人都会选择通过传统的OTA或者一些新媒体平台查询并下单，但是到了市场淡季，客户需求减少后，线上的订单自然也会跟着降低。就算做再多优化，依然无法将收益做到最大化。其次，线上的运营成本相对而言还是比较大的，其中包括平台佣金、流量投放广告费用等，因此，需要将客户逐步转化为自己的客户，这样一来运营成本降低了，收益自然增高了。

下文讲述如何做线下的营销。线下销售，顾名思义就是门店通过自身的销售动作及手势，完成对外的宣传推广，从而获得相应的客源。民宿与传统酒店还是有一定区别的，因为民宿的房间数量较少，地理位置大多数是在景区周边或者城市的郊区，在线下的销售动作中不能用常规的酒店线下销售套路来进行。

# 协议客户开发

一家民宿拥有自己的协议客户固然必要，但有些人讲："我家民宿房间体量比较小，又不是商务属性，为什么要签协议公司？"其实，协议是一种非直接客户的合作关系，协议的核心是公对公地建立一个长期、有效的合作战略。

作为民宿的协议客户，主要有两个组织，一个是商务公司，另一个是旅行社。

### 1. 与商务公司合作

民宿与酒店最大的区别在于，民宿的活动共建及公共空间的应用强于传统酒店，更适合组织小团体的团建及特色活动，通过民宿提供的个性化服务来满足客户的需求。

## 2. 与旅行社合作

旅行社同样是民宿线下协议的重点客户，他们有着多种多样的客户群体。民宿可以与旅行社重点沟通其特有的私人定制游的客户需求，将客房及工区作为他们的资源场所。

## 3. 签署协议销售手续

### 1）准备工作

民宿在开发协议客户之前（开业之前），需要制定销售作战图，用于界定协议客户销售范围。

（1）目标客户范围：以民宿所在位置，覆盖邻近的城市，协议客户离民宿越近越有利于合作。

（2）目标客户属性：除了常规的商务公司，还可以寻找一些有关于会议、会展、团建、旅拍、婚纱摄影等公司，利用它们的客户资源，将民宿作为这些公司的指定服务场所，合作模式同旅行社合作方式。

（3）作战计划：主要指对目标区域的销售计划与目标的分解和执行。将区域按照井字格进行划分。

### 2）拜访签约

（1）陌生拜访：指销售人员直接去周边写字楼上门陌生拜访的方式，它是一种比较传统的销售方法。虽然拒单率很高，但它是销售人员的基本功。

销售人员扫楼的顺序：从顶楼开始，按层"地毯式"每家公司推销。

（2）电话推销：一种较为高效的方法。销售人员应该提前准备好话术，话术的关键点是主动、简洁，以及重点讲清楚与民宿合作，公司将会得到哪些具体的优惠和益处。

（3）网络渠道：销售人员在第一次陌生拜访失败时，可以将公司的名字记录下来，通过网络渠道（比如百度、公司官网、公司微博、公司微信公众号、各大招聘网站等）找到公司负责民宿订房的负责人。

（4）客户转化：在日常的接待过程中，可以多与客户沟通交流，如果有团建活动这方面的需求，可以将客户直接转化为协议公司。

开发协议客户的方法有很多种，对于重要的目标客户，销售人员可以采取多种不同的方法进行攻克。另外，不管通过哪种方法和途径开发客户，销售人员都要提前做好对民宿自身的特点和竞争对手基本信息的了解，这样能提高转化率。

### 3）协议的维护

（1）做好作战区公司客户的档案管理。档案包括每幢写字楼各楼层的公司名称、订房负责人及联系方式，若写字楼有公司搬进搬出的情况，要及时更新档案。保持作战区的写字楼的信息完整和同步，有利于销售人员后期的销售和管理。

（2）根据客户的需求，制定匹配的合作内容。合作和维护的基础是满足对方的需求，根基不稳的合作很难维持。比如，针对价格敏感的客户，合作需要重点体现在价格与服务产品上，对产品和服务要求较高的客户，民宿方应该重视其住客的入住体验和满意度。

（3）适度的拜访频次，与协议公司负责人保持良好的客户关系，维持良性的合作关系。销售人员可以根据协议客户每月的消费情况，对协议客户制订月度拜访计划，特别是每月产值前10名的公司客户。但是，切记不能过于频繁拜访，否则会适得其反。同时，销售人员的拜访频次需要考虑到客户的产值，销售人员应该把80%的精力放在开发和维护高产值优质的协议客户上。

（4）重视服务，提高住客的入住体验和满意度。对于协议客户比较重要的接待对象，如其客户、订房人的上司或亲朋好友、新客户第一次入住等，销售人员可以提前安排光线和房型较好的房间，以及用赠送果盘等方式重视入住人的体验感和满意度。退房时销售人员可以电话回访其入住体验。销售人员可以通过后期的服务，争取更多的新客户和老客户。

# 私域流量搭建

什么是私域流量？私域流量主要指自主拥有，不用支付佣金，可以在任意时间、任意频次直接拥有大量用户的渠道。

会员算不算私域呢？因为会员的触达有限，而且要考虑时间和场合，会员被打扰会不耐烦，因此，会员最多算作半私域。

为什么要做私域？如果仅仅依靠线上自然流量经营，会导致流量转化率低，用户一次性消费，民宿经营的淡旺季明显，以及运营成本过高。私域流量实现民宿主与顾客直接有效的联系，通过精细化的运营将顾客彻底沉淀为复购来源，且不用支付佣金，通过与客户的联系，更直接地解决客户的问题。

与此同时，私域流量可以让民宿主跳出拼排名、拼价格的魔咒，通过内容展现民宿的品质，而不是价格；让客户享受到精品，让精品得到应有的价格。

私域的打法，与民宿以往的营销打法完全不一样。接下来详细讲解值得做私域的多个场景。

"二八定律"在民宿经营上同样适用，20%的客户贡献了80%的营业额，这20%的客户绝对非常有分量，是可以发展成重点客户的类型。那门店是不是应该找个工具把这20%的客户沉淀下来呢？毕竟，在互联网社会中，在信息透明的情况下，超级用户给公司提供的利润是普通用户的30倍。

一般 OTA 平台的客户与民宿属于弱关联状态，客户一般与同一家民宿只发生一次联系（交易完即走），你不能发消息给他，他不能发消息给你；而私域客户属于强关联状态，例如在打造门店评分上，如果你想把民宿打造到 4.9 分，私域可以发挥以下作用。

（1）全程服务：利用私域对客户进行入住前、中、后全程服务，确保客户不会带着不满情绪离开民宿。

（2）追要好评：客户离开店后，还可以在微信上找客户要好评，当然可以给些优惠福利等。

（3）解决问题：如果客户在入住过程中真的出现了什么问题，通过私域可以及时发现、及时解决，挽回客户印象，不至于让客户给差评。

私域流量的运营维护就像淘宝客服群、福利群，微商品牌微信交流群等都是私域流量的一种形式。

### 1. 民宿如何搭建自己的私域流量

在民宿经营中，从任何平台获取的流量都可以引入自己的流量池。可以设置一些优惠小活动或者便利服务，以激励、引导用户进入私域流量池。客户入店后，可以通过扫码关注送早餐，添加微信享优惠，扫一扫关注后连接无线，领取优惠券等活动，将客户引入自己的流量池。

搭建私域流量的主要载体是民宿的微信服务号、订阅号、个人微信号、微信社群等。

在吸纳客户的同时一定要设立好客户的标签属性，譬如客户渠道，如来自 OTA 或者抖音小红书之类；客户属性，如亲子出行、个人出行、情侣出行；客户喜好，如发呆、摄影、品茶；等等。只有对客户进行标签化的管理，了解客户的性格和喜好，才能为用户提供更好、更精准的服务。比如为家庭出游客户提供"民宿＋游乐园门票"套餐；为情侣客户提供"民宿＋鲜花（或者提前布置浪漫）"；为上班族提供"民宿＋温泉/推拿/美容券"；等等。

在日常的营销推广动作中，利用订阅号、微信朋友圈、客服消息、微信群活动发布、直接微信私信等方式，全方位地触达客户，传播民宿情怀理念，传播民宿特色服务。

组织会员积分、会员活动等，把客户变成朋友。客户在私域里时间越久，积分越多，体验越多，就越不舍得离开。

## 2. 怎么样让私域流量变现

通过尊享感，增加老客户回购。老客户过生日时民宿可以送出生日专属优惠，达到限定积分的会员享受限定福利，等等。

通过新鲜感，吸引老客户回购。向老客户推送民宿新的活动项目、菜品、特色服务，吸引客户眼球，提高复购率。

民宿可以组织分享朋友圈领取优惠券，享受入住折扣，或者邀好友来住赠送早餐、菜品等活动。

通过私域流量的运营让每个老客户做民宿代言人，去开拓新的流量，裂变出新的客户。但在这个过程中一定要让客户有互惠感和成就感。

民宿想要保持一个好的入住率，不仅要开源，也要节流。承接平台的流量后，应有效地将这部分流量切实留存在自己的私域流量中，产生更多的价值，这是至关重要的，也是需要长期努力的。

Chapter 06

民宿运营成本管理与控制

还记得小学数学题里永远装不满水的蓄水池吗？要想做到民宿收益最大化，除了增加销售渠道，提高曝光，以及品牌口碑宣传，还要重视门店的成本管理。民宿虽小，但"五脏"俱全。成本控制可以减轻负担，还可以做到利润最大化。

▷ 蓄水池

## 成本的基本概念

"成本"即为使过程增值或结果有效而已付出或应付出的资源代价。"应付出的资源代价"指应该付出但还未付出，而且迟早要付出的资源代价。

"资源代价"是一个总和的概念。"资源"一般指人力、物力、财力和信息等。术语"成本"可使用形容词修饰，如用高、低或多、少来修饰。

这里所说的"成本"是广义的成本，而不是狭义的成本。

## 1. 物耗成本

物耗成本指民宿中客房耗品、餐饮饮料、日常用品等成本。目前，大多数民宿在物耗成本控制中存在采购方法不科学、使用方法不合理、缺少物耗成本统计分析、对耗品价格及使用数量不敏感等问题。在物耗成本中，70% 是采购成本，采购成本指与采购原材料部件相关的物流费用，包括采购订单费用、采购计划制定人员管理费用、采购人员管理费用等。相关研究表明，采购成本降低 1%，对民宿利润增长的贡献率在 10% 以上。

## 2. 能源成本

能源成本是维持民宿正常运营必不可少的成本支出，由水、电、气 3 部分组成。现在民宿企业在能源使用方面没有制定相应的制度，对于企业中经常使用的水、电、气相关的配套设备，没有详细的标准，造成水、电、气的无效耗量很大。电能的有效利用必然是一个值得关注的能源利用分支，那么，在能源成本管控方面，电能管控自然是不可或缺的一部分。

某家别墅民宿老板分享了一个故事：平时淡季电费在 2000 元左右，可是有段时间竟然上升到 8000 元，成本浮动何其惊人。经调查才发现，因为调休原因，3 个员工房空调日夜不停地运转，再加上热水器、热水泵等大功率机器也不停运转，才导致电费翻了两番！

一般来讲，上述的两项成本会随着民宿实际经营情况而发生变化，同时也是最可控的成本项目。

## 3. 人力成本

人力成本主要包括人员的职工薪酬、生活成本、福利成本等。目前，民宿行业存在人员数量冗余、人员职业能力较弱、淡旺季人员数量无差别等问题。人员数量冗余主要体现在人员岗位重叠化、人浮于事。例如，由于一间退客房和一间住客房的打扫时间不同，在住宿人员流量大、住期短的前提下，在打扫卫生人员上就有可能增加成本支出。人员职业能力较弱体现在工作能力上，如民宿中的前台人员不能身兼数职。无论是淡季还是旺季，民宿员工数量差别较小，造成人力成本过高。

### 4 营销成本

民宿的售卖方式分为 3 种，分别是 OTA 平台售卖、自有渠道售卖和人工售卖。OTA 平台指通过广泛地传递线路信息，为住客提供住宿咨询，使客户完成网上支付或者线下付费的平台。相关数据显示，大部分民宿对 OTA 平台的依赖程度达到了 80%~90%，网购网站的提成大约占 3%，OTA 平台的佣金直接高达 15%~20%。自有渠道售卖和人工售卖指通过微信公众号、自媒体渠道、电话预约等渠道售卖，但是此类渠道由于专业程度不高，吸金程度明显低于 OTA 平台，光靠自己的力量是很有限的，不仅耗费了大量的人力成本，还没有很好地让民宿进入住客视野。

# 什么是成本控制

针对门店，成本控制的核心目的是降低成本，提高利润，提高行业竞争力。当代民宿的成本控制理念就是尽可能少地付出成本。

民宿的可控成本都有哪些？对于民宿店长来说，以下这些是必须要控制的成本：单房低耗品摊销费、单房综合运营费、单房财务费、维修保养费、环保卫生费、有线电视费、报损费、车辆费、邮电通讯费、业务招待费、书报杂志费、网络维护费、办公用品费、装饰费、印刷费、清洁费、保安消防费、差旅费、招聘费。

# 单房成本控制的前提与误区

单房成本控制的前提是为了提供更优质的服务，而不是一味地降低成本支出，甚至放弃对客服务。尤其现在民宿非常重视外部好评，不能一味地控制成本而影响民宿的品牌形象。一切的成本控制都应在保证品质的前提下进行，否则无异于杀鸡取卵、竭泽而渔了。

单房成本控制的四个误区：不顾客户的感受、降低设备用品的质量、压缩正常的营业费用、缩减员工的福利待遇。

案例：民宿易耗品成为客户打差评的理由。

民宿易耗品包含的内容有很多，比如客房牙具、毛巾、浴巾、梳子、洗发水、沐浴液、浴帽、拖鞋等，这些东西虽然在民宿整体服务中所占比重不大，但有时的确能够成为令客户不悦的原因之一。

▷ 民宿差评案例

所以不要盲目降低易耗品的成本，选品时要在控制成本的前提下，选择品质上乘的产品。可以针对购买的产品先行试用，确认产品不会对客户造成过敏等现象，再决定是否采买、投入使用。

# 单房成本控制的有效方法

## 1. 人力成本方面

目前人力成本是各行各业运营成本中最重要的组成部分，"人力的节约就是最大的节约，人力的浪费就是最大的浪费"。员工数量的多少直接影响了人工成本开支，而人员编制、岗位设置、工作量等又是决定员工数量的关键因素，所以民宿管理者要对所管辖的人力资源有全面、正确的认识。

在"一岗多职"的民宿中，可以采用"基本工资＋绩效工资＋福利"的薪酬体系，激发员工的积极性。首先，根据工作量的差别，灵活安排人员，尤其在客房卫生打扫上，例如，旺季可以在保证原有人员不变的情况下，通过招聘兼职人员或者通过时间调整安排其他人员打扫。其次，也可以通过专业培训使工作一面手变成多面手，从而减少员工的数量，把每一位员工打造成能接待客户、网络推广、维修设施、打扫卫生的全能角色。

（1）根据民宿经营的淡旺季合理配备人员，"满负荷"运转不一定是民宿经营的常态。那么在旺季或大规模接待时，可以采取"小时工""假期工"等多样化的用工形式，以避免人力资源浪费。

（2）调整服务方式，提供"有限"服务。在保证基本和重要服务项目的前提下，与市场接轨，学习先进的服务管理经验，在一些服务项目上可推行自助或半自助的形式，这样不仅可以使客户感到更加便利，也可以节约人力成本。

## 2. 能耗成本方面

我们要有这样的自主意识：在保证服务质量的前提下节能降耗，不仅是对成本的有效控制，更是对资源的合理利用和对生态环境的保护。在水、电、气使用规划上要进行严格把控，民宿可以根据季节调整公共区域、走廊的晚上照明时间和灯饰的安装位置，并对水、电、气的输送装配进行升级改造。同时，民宿要根据实际情况更换大功率用水、用电设备，及时统计住客数量，以及不同季节、不同时段的用水、用电量，虽然在短时间内会增加企业成本支出，但是这些优质设备使用的时间越长，民宿的平均成本会越低。

（1）做好工程能耗的控制，实时监测水、电、气、暖等能耗数据。对用电大功率设备进行电源改造或增设节电设备；将公共区域的照明设备更换为节能灯；降低自来水的消耗量，杜绝浪费现象；结合经营情况和天气情况实时调整供暖、空调等设备。总而言之，就是要将各区域能耗供应由"僵硬化、制式化"转变为"智能化、合理化"，实时监控、实时调整，对消耗量要有统计、有分析、有把控，尽可能降低耗能比。

（2）做好设施设备的日常维护保养，延长设备使用寿命，建立"预防性"维护体系。维修方面，要做到物品的重复利用，遵循"能修好的坚决不换""能自己解决维修项目的坚决不外包"原则。为了更好地提升客户体验感，打造更加舒适的服务环境，更新硬件设备设施也是合理的支出，但要注意的是应合理计划、逐步更新，来缓解成本开支压力。

## 3. 客耗成本方面

（1）客房易耗品方面。一是要注重采购产品的性能，客房配品的性能很大程度上影响了客户的体验感，切勿在采购时因贪图便宜而选择低质产品，一旦产品性能出现问题，对客户造成影响，可能会产生不良后果，所以选择性价比高的易耗品其实就是在"省钱"；二是要做好物品控制，对一次性物品实行按实际用量发放，注重未使用物品的回收利用，避免浪费。

（2）餐饮方面。如果民宿内提供餐品，要联系好供应方，保障食品的运输渠道及新鲜度，跟厂商建立长期的合作关系，不仅能省下一些不必要的支出，还能更大程度地保障民宿的正常运营。

### 4. 渠道成本方面

应拓宽民宿销售渠道，减少对 OTA 平台的依赖。根据数据显示，我国民宿的主要住客来自活跃在网络时代的 90 后。当慢生活遇上求新、求变的 90 后，可以考虑采用网红直播、与 APP 合作的营销方式吸引民宿住客的注意力。关于情怀、故事等一系列与民宿相关的词可以直接链接到爆款 APP 中（如知乎、豆瓣），就像百度和爱奇艺的生存模式，给民宿企业一个流量入口。APP 负责民宿的内容沉淀，而民宿则负责内容的形象化、生动化，用一个知名的点去衬托，可以为民宿省去大量的营销成本。

Chapter 07

民宿店长收益管理技能

收益管理的目标是找到每天、每周、每月、每季度和每年等销售量、销售价格及成本费用之间的最佳平衡，以获得最大化的利润。

# 收益管理策略

## 1. 民宿旺季期的收益管理策略

### 1）适当提升对外散客价，停止或限制打折

（1）停止实行房价折扣。

（2）只给住店时间较长的客户房价折扣。

（3）适当提高房价水平，拉大不同房型之间的价差，但价位要控制在中心订房系统和宣传册上公布的价格范围内。

（4）加强价格监控，每天上午和下午至少各研究一次未来7~14天每天竞争民宿价格的变动情况。根据需要适当提升对外散客价，不要闭门造车。

（5）不能改变的协议价，如公司价、政府价、团队价和会员价等要通过及时关闭低价房型和销售高价房型来提升销售单价，尽量减少免费升档。

（6）延住客户要按当日价收取，不能沿用旧价格。

### 2）采取严厉的信用政策

（1）减少或取消无信用担保订房，甚至只接受预付和担保预订。

（2）认真确定每一个预订，清洗预订的水分。

（3）紧缩取消政策，减少客房的闲置。

（4）对于住宿期较长的顾客，要求定金付到最后一晚。

### 3）测算好每日团队用房量上限和团队价格下限，控制好团队预留房释放日期

（1）控制特定日期的团队用房占比，预留足够客房供高价的散客预订。防止低价团队或包房商占用太多房，导致高价的散客订不到房。

（2）控制特定日期订房客户的抵达日期，只接受在民宿某一指定日期之前抵店的客户预订。

（3）设置最少停留天数限制。

（4）团队价格与对外散客价挂钩，水涨船高，可能每天都不一样。根据停留日期，取平均数报价。

### 4）团队入住模式优化

（1）削峰补谷，提高需求高时段团价，用低价鼓励团队住到需求低的时段。

（2）研究调整团队入住时间和入住天数的可能性，尽可能避开民宿销售的高峰期。

（3）合理减少团队房配额，优先接受愿意支付高价位的团队。

（4）挤掉团队订房数量的水分。

（5）团队如需增加团队房，要加价，尽量不要免费升档。

（6）用置换分析法报价，把团队带来的客房、餐饮、会议、宴会等总体收入和利润都计算对比后再报价，不要分开报价。

### 5）通过连住、超额预订等措施提高满房率

高需求时期，如果价格灵活，措施得当，很容易满房。此时卖一间房，相当于淡季卖1.5间房，甚至2间房。旺季做到最大化，可以弥补淡季的不足。

淡季即使价格很低，都没有多少住客需求。为何不在有住客需求的时候，多卖一些呢？用旺补淡，旺季最大化了，全年通常就好了。

## 2. 民宿淡季期的收益管理策略

### 1）创造顾客需求

（1）深入分析每个公司协议账户，以及团队在客房、餐饮、会议和宴会等方面的产出，找到隐含的需求，鼓励和奖励这方面的客户使用较少的服务项目和设施，如农夫般精耕细作，提高已有客户的综合消费及单产。

（2）与客户多谈民宿产品和服务的特色、价值及超越竞争对手的地方，少谈价格。

（3）确立全员销售的理念，使全体员工都成为民宿的销售代理人。

（4）如猎人般主动出击，寻找新的业务、客源、渠道，不要守株待兔。

### 2）实施价格折扣

（1）实行淡季价格折扣。对外散客价实行阶梯定价。

（2）针对特定的市场、特定的时间或特定的产品实行限时、限量的优惠促销。

（3）在特定时期，只要能产生边际利润，都是民宿可接受的短期最低房价。

（4）团队报价采取阶梯报价法，第一个团队价格较低，第二个团队适当提高，以此类推。此举能有效转移需求，带旺民宿各部。

### 3）提供包价和住店奖励

（1）把客房与其他有吸引力的产品结合在一起销售，采用"一揽子"报价形式，以增加营业收入。以会议、宴会、培训等带动客房和餐饮消费。

（2）采取措施奖励订房人员，如协议公司的秘书和会议、宴会组织者。

（3）给予住店期较长的客户住房奖励，如积分和优惠券。

### 4）放松控制，并鼓励升档

（1）暂时取消对客户抵、离店的时间和停留天数的限制。

（2）推出套房或豪华房特价促销，客户花同样多的钱，但得到更好的产品，有效把客源从竞争对手那里转移过来。

（3）适当缩小各种房型之间的价差，鼓励升级销售，提高 ADR（已售客房平均房价）和收入。

（4）加强钟点房的销售。

### 5）采取灵活的团队报价

设定每天最少团房数量和最低团价，促使销售团队主动寻找淡季团队业务，用团房打底、保本并带旺客房、餐饮、会议、宴会和康乐等消费，增加人气，提高民宿整体收益。

### 6）从产品、渠道和细分市场方面下功夫

（1）如果淡季的价格已经很低，但销售量还不够高，说明调价作用不大，就要从产品、渠道和细分市场方面下功夫，因地制宜，开发有特色的产品和服务，让顾客在民宿消费和停留的时间更长。

（2）向竞争对手学习，研究他们的渠道、细分市场等，大胆尝试开发没有用过的渠道和没有开发过的细分市场，如 MICE 和 SMERF 等，往往会起到意想不到的作用。

# OTA 制胜秘诀

### 1. 把 OTA 的客源转化成直客

（1）OTA 的作用是广告牌、引流、补充客源。不能过分依赖 OTA，定价权和库存分配权不要被其控制。

（2）OTA 的价值应该在于给民宿带来额外的客源，而不是把民宿直销渠道的客源抢过去，然后民宿用佣金买回来。

（3）要努力提高顾客对民宿直销渠道的忠诚度，而不是对 OTA 的忠诚度。

（4）要研究 OTA 客源的特点，制定相应的流程和绩效考核标准，努力把 OTA 客源转化为民宿直客，如会员、公司协议客、长住客、团队等，并使他们养成到民宿直销渠道预订的习惯，包括官网、微信、人工预订等。设立目标，进行绩效考核，争取做到让新客户第一次、第二次在 OTA 上预订，第三次及以后到民宿直订。

（5）坚决杜绝民宿员工嫌麻烦而让客户直接到 OTA 上预订的现象，应积极主动为客户直订。

### 2. 一张好图片胜过一千字

（1）保证图片高像素、高清晰度，突出民宿特色。

（2）使用最新的照片，而不是几年前的照片，更不是效果图。

（3）适当精选一些周边旅游资源的照片放上去，不要太多、太滥。

### 3. 内容为王

（1）换位思考，从客户的需要出发，多用客户搜索的热词，如景点、事件、交通枢纽、设备设施、价位等，提高被搜索的概率。

（2）顾客在 OTA 上写的评论是宣传和展示民宿的内容的延伸和补充。研究它们，为你所用。

### 4. 一碗水端平，公平竞争

（1）坚持价格一致性，防止价格倒挂。显然，如果民宿直销渠道（官网、电话、微信等）价格比 OTA 高，客户肯定会到 OTA 预订，并对 OTA 有忠诚度，民宿将损失差价和佣金。

（2）提供给 OTA 的促销价，在民宿直销渠道也要提供。道理与上面一条一样，一碗水端平，让客户自己选择是到 OTA 上预订还是直订。

### 5. 清除 OTA 上的代理商

（1）不允许包房商和旅行社用代理的方式在 OTA 的公开渠道上销售，与民宿直销渠道进行竞争，否则无疑是民宿在同一渠道上制造了自己的竞争对手。而且他们的价格往往比民宿低，无疑是在同一口锅里抢走本来属于民宿的肉，然后又卖给民宿，赚取差价或佣金。

（2）根据需要提供优惠价给包房商和旅行社，通过"房+机+门票"等不透明的渠道销售，给民宿带来额外客源。

### 6. 分析 OTA 客源的喜好、消费习惯、预订习惯

（1）不同的 OTA 客源在出行目的、停留时间长短、预订规律、房型喜好、来源地、同房人数、房间类型、餐饮和其他消费等方面，有不同的特点。通过分析，可采取不同的策略。

（2）海外 OTA 的客源预订窗口较国内 OTA 长，综合消费更高，住店天数更长。可提前推出针对海外 OTA 的促销价，吸引这方面的客源。

### 7. 尽量不关房和不关价格

如果要关房，则关低价房型。如果不关房，可提高价格，或者设置入住天

数限制。因为一旦全部价格和房型关闭了，连住的客户就预订不了，则会损失前后几天的出租率和收入。

### 8. 不要把所有鸡蛋装在一个篮子里

（1）尽量与所有的 OTA 渠道合作。不要因某些 OTA 渠道产量不高而不与它们合作。如果一个 OTA 渠道一天能带来 3 个订单，一年就是 1095 个，其实不少了，积少成多。

（2）如果只与一两个 OTA 渠道合作，容易变得被动。

（3）合作的 OTA 渠道越多，民宿在互联网的曝光率就越大，广告牌的作用就越大，这对品牌知名度不高的单体民宿尤其重要。

### 9. 宁可提高佣金比例，也不要让 OTA 渠道的价格降到低于直销渠道

（1）如果预测，有低谷，生意不好，可以在选定的时段提高 OTA 渠道的佣金比例，或按价格一致性的原则，在特定时段，降低所有 OTA 渠道的价格，包括直销渠道的价格。

（2）在特定的 OTA 渠道搞促销，要规定 OTA 渠道在促销期间的产量目标。跟进产量，采取阶梯佣金奖励。

（3）适当做团购。如果保本都难的话，用团购带动人气。但是，价格不要太低，不要长期做。

### 10. 利用网评互动，做好客户关系管理

（1）及时回复客户在 OTA 平台上的点评，最好在 48 小时内回复。

（2）及时感谢他们的赞许；对于他们的投诉，积极采取措施补救，做好客户关系修复工作。

（3）回复和处理方式要个性化、人性化，不要程序化、刻板化、机械化。

（4）要想办法把写点评的客户，尤其是写好评的客户转化为民宿的会员，变成直订客。

# 坚持召开收益管理日例会，往前看，往前用力

（1）坚持召开收益管理日例会,研究未来7～14天每天的预订量变化情况。每周坚持召开一次收益管理周例会，研究未来 30～60 天每天的预订量变化情况和市场供求情况。用嵌套式算法重新预测和优化，及时调控量价配比和渠道。

（2）要做上述各项工作，显然要有民宿内外部环境的数据，包括过去的数据（实际发生数）、现在的数据（到手的预订数）、市场环境的数据（过去、现在和未来的展会、事件、活动、天气、竞争对手每天的价格情况等），等等。

更重要的是，要对这些数据进行整理和分析，在此基础上对民宿未来每天市场需求水平的高低和民宿出租率的高低等进行预测，落实到每天每个细分市场和渠道的最佳销售量和销售价格的最佳配比的情况，只有这样，才能制定每天的各种价格、渠道、细分市场和产品服务的策略。

（3）配备收益管理系统。数据的搜集、整理、分析、预测和优化工作要求很高，如果靠人工去做，是相当复杂、琐碎的，而且人力成本很高。

# 民宿的房控收益管理

什么是房控收益管理？就是要做好出租率和平均房价之间的平衡，从而实现民宿收益最大化。

### 1. 合理利用线下订单

如果你想运营好 OTA 平台，合理利用线下订单非常重要。以携程为例，在携程平台上的流量受到了 PSI 服务质量分的影响，而该平台上的历史产量及历

史营业额是 PSI 服务质量分的重要参考指标。如果你想增加该平台的流量，则可以通过线下引线上的方式，来增加 OTA 订单量，从而增加民宿的曝光量，达到提升流量和转化率的目的。

### 2. 特别留意现付订单

现付 OTA 订单和电话未付款预订要特别留意，必要的时候，可以在入住当天的 14 点、18 点、20 点这 3 个时间点确认预订信息，了解客户最终是否到店。同时，各渠道上尽量开启预付通道，对于预付订单给予一定的优惠，尽可能请客户预付房费，保证民宿的收益。

特别提醒：对于 OTA 平台上的订单，必须做到 100% 预留，避免客户到店无房后，造成服务缺陷的扣分，影响民宿排名及流量等。

### 3. 实时监控市场数据

（1）竞争民宿数据：整体售价调控可以以周边民宿在平台上的订单量和价格作为依据。有一些 OTA 平台是可以直接查看竞争民宿的数据的。

（2）市场热度数据：可以实时结合周末或者民宿周边举办的一些活动，比如会议、会展信息，参考民宿目前流量、商圈流量监控，保证在区域有价格优势。

（3）订房进度数据：当前房态较往期数据不佳时，一般情况下，不推荐直接降为底价，可考虑参与平台优惠活动，加大满减力度，获取流量来源的同时，提升订单转化率。

### 4. 大胆预测淡旺季房价

预设未来旺季期定价，可以通过参考往年同期收益，预先将价格定高一点。如果到时候房价太高，可以参加活动。

### 5. 优先卖不畅销房型

如果民宿有多种房型，当某种畅销型民宿房型和低价型民宿房型已经被预订得差不多时，可以在微信或者其他平台优先向客户推荐不畅销的房型，向客户展示高价房型的亮点，尝试将更高一档的高价房型售卖出去，如豪华房、双人间和套房。

如果向客户推荐后，他们仍表示不情愿，则为客户安排需要的房型，切勿强制推销，以免引起客户不满。

### 6. 满房前避免超售的调价

当民宿房间剩下不多时，建议将剩下的民宿房型的价格提升 10% ~ 20%，一来可以确保平台流量，二来有利于民宿的高收益预订售卖。

但是如果民宿真的已经满房，一定要及时关房，避免订单进入后无房可接，这样会造成服务缺陷扣分。

### 7. 提供优质的服务

当接到民宿预订订单时，可以为客户提供一些力所能及的优质服务，比如人文关怀、拿行李、提供一些饮品之类的服务。

### 8. 努力提升日均收益

对于体量较大的民宿，可在房态允许的情况下考虑推出钟点房和白天房，尽可能冲高日均收益。

# 如何看准涨价信号

### 1. 调价的目的——收益最大化

在民宿经营初期,都会紧盯着入住率,而当民宿有一定口碑及稳定入住率后,下一步就是如何提升自身价值赢得更多的收益。

价格是价值的表现。调价是获取高收益的一个必要过程。

常见的民宿价格管理,基本就是一个基础价,比如300元/天。然后根据一些可能带来高需求的日子提高价格,如:

(1)周末、法定节假日及特殊节日(如情人节、圣诞节等)。

(2)寒暑假期间。

(3)举办周边大型活动(如演唱会、展会等)的日子。

这是当前大部分民宿主常用的方式,但这不是调价,仅仅是定价。就跟景区门票有周末价、平日价、淡旺季价一样,仅仅做了产品定价。而调价,则跟机票价格管理类似。

同班次的旅客,在同样的渠道购买的机票,但费用会相差几倍。差异化的价格,会让航空公司将有限的机票,实现最大化的收益,这是调价的目的。日常中旅游团和打车软件的动态价格、手机流量套餐等,都有类似的收益管理策略。

### 2. 调价参照物——"路口的红绿灯"

先出个题:在你常走的路口,要想减少各方向等红灯的时间,你会将红绿灯变换的间隔时间设置为多少秒呢?30秒?60秒?100秒?

每个人会通过自身的经验及考虑到的外在因素(如附近客流量、车道的数量、早晚高峰期等),给出不同的答案。而早期不同的几种红绿灯变化间隔时间是根据路口是否为主干道、两个方向的车道流量大小、早晚高峰、周末等因素来设定的，这其实就跟大部分民宿主设置价格一样。有个基础价，再根据节假日、周末等设定几组定价策略。

如果路口突发情况（如交通事故或其他路口车流激增），那之前预设的机制，再完美也会瘫痪。以往这种情况，最高效的解决办法，就是由交警临时指挥交通。因为交警能看到各方向车流情况，能做出最优的判断，哪怕指挥错误，也可以根据实时反馈，加以调整。因此，如果当日的房在傍晚还未订出，那就会人工干预价格，降价甩卖。卖不出去再降价，直到成功售出。

在技术层面上，红绿灯是有专门的调控系统的，它会根据路口的排队长度、通行速度及周边路口的情况，来做应对调控。监测方式的参照物包括但不限于地磁传感器、摄像头、红外线、雷达、声呐等方式收集数据。所以有时候，当你一路赶上几十个红灯或一路畅通时，未必是运气原因。

简单地说，只要数据反馈及时，系统就可以充当上述指挥交通的交警角色，根据实时反馈的情况做动态调整。

经常有人问：如何知道某个城市的客流量、出入境数据、民宿入住数据或景区客流量？他们试图通过这些数据，做一些价格上的调整参照。这就像极了早期的红绿灯模式，最后还是需要人来应急。所以不要试图去预测未来的入住率和价格，应更多关注如何实现最大化入住率和最优价格。

### 3. 调价的策略——25% 原则

以一个民宿 6 月 1 日监测数据为例，判断它是否应该调整价格。首先，将未来的预订情况，分成四个阶段：

（1）本周预订率（6.1~6.7，第 1 周：共 7 天）。

（2）下周预订率（6.8~6.14，第 2 周：共 7 天）。

（3）近期预订率（6.15~6.28，第 3~4 周：共 14 天）。

（4）远期预订率（6.29~7.12，第 5~6 周：共 14 天）。

## 4. 模拟几个调价场景

（1）当日的房，16点还未订出，那自然降价比涨价更容易被订出去。

（2）如果下周（6.8~6.14）50%的天数被订出，那是涨价还是降价？似乎不太好确定。

（3）如果远期（6.29~7.12）50%的天数都被订出，那是涨价还是降价？远期预订都这么火爆，那是不是就可以涨价了？如果你涨价了没人订，那可以在剩下的三个阶段里，通过逐步降价来优化价格。

这就跟红绿灯一样，保证流量最大化的同时避免拥堵。

方法论：25%的倍数原则。

本周预订率大于75%，则可以尝试将本周涨价；低于25%则降价。

下周预订率大于50%，则可以尝试将下周涨价；低于50%则降价。

近期、远期预订率大于25%，则可以尝试将近期和远期涨价；低于25%则降价。

涨价幅度可以从5%开始，每周调整。

按上面方法进行验证，套用到民宿中，比如一套房：

本周预订率（6.1~6.7）为57%，建议保持价格。

下周预订率（6.8~6.14）为71%，建议保持价格。

近期预订率（6.15~6.28）为42%，建议涨价。

远期预订率（6.29~7.12）为17%，建议降价。

这个方法很好掌握，也容易应用。但此方法，属于相对被动式的调价，更像红绿灯中的调整机制。如何知道其他路口的情况，从而主动调价？

可以参考下图，作为价格调整的依据。

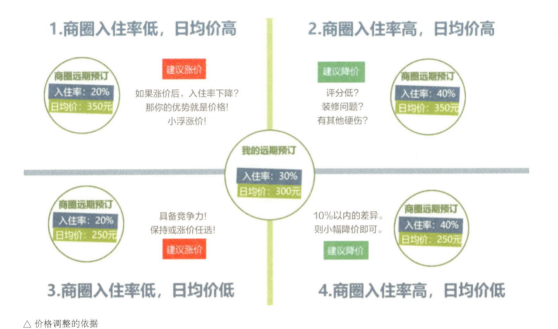

△ 价格调整的依据

# 民宿经营如何利用好细分市场

## 1. 明确基础的客群定位

民宿的基础客群定位是在项目初期选址时就要明确的，这一部分客户是在未来民宿运营中最稳定的基础人群。比如，民宿位于迪士尼周边2千米，那基础客群毋庸置疑就是以游客为主；民宿建在机场附近，基础客群就一定是以商务人群为主。这个逻辑看似简单，但在现实中却不乏反面案例。

比如，前段时间有一位西安民宿主找到笔者表示收益一直不好，让笔者帮他诊断一下。通过了解房间信息和基础信息，笔者发现基本上问题都不大。他的民宿13间房位于西安的中心区域，周边交通非常便利，距离多个著名景点不算太近，但是交通便利。于是，笔者按照他在公众号后台留下的联系方式，拨通了他的电话。

笔者问他："你觉得收益不好的原因是什么？"

"周边民宿太多了，竞争太激烈。"他理直气壮地回答我。

笔者又问："你的主要客户群体是哪些？"

"游客，来西安旅游的人。我的民宿靠近西安高铁站和大雁塔景区，游客都是来这边旅游的。"他不假思索地告诉我。

笔者问他："你们的价格是平日高还是周末高？"

"肯定周末高呀！"

"为什么你要这样设置？"

"因为客户都是周末出来旅游，平日都上班，周末价格高不都是一样的嘛！"

"那平日客户多么？"

"平日客户还可以，不算多。"

经过与他十几分钟的沟通，笔者基本了解了他的民宿收益低的原因所在。当然，一方面是因为民宿数量的增加，民宿数量的增加必然给他的经营带来很大的冲击，但这并不是这位民宿老板收益不好的主要原因。

另一方面是因为他只将游客作为基础客群，周末价格明显高于平日价格。但实际上，他的民宿的位置距离高铁站和高校都不算远，商务客户本身消费能力更强，更应该成为他的基础客群。

### 2. 细分市场须灵活选择

对于大部分的地方来说，基础客群都会有明显的淡旺季之分。如上面所举的案例，商务客户大多在工作日进行消费，商务亲子类的客群可能一部分会延续到周末。但总体来讲，这类民宿的工作日会成为较明显的淡季，而这期间正是商务类集中消费的时间。因此，在这段时间内，需要充分利用项目的交通便捷性和舒适性吸引商务客户选择。

在实际运营过程中，经常会出现民宿主口中所说的"淡季不淡，旺季不旺"的奇怪现象。这就反映了市场的动态特征，即没有一成不变的淡旺季，在传统的旺季时间段内，还可能出现相对的淡季或平季等。所以，在日常收益管理过程中，民宿收益管理者应该更加敏锐地对复杂的市场变化做出反馈，选择收益贡献更高的细分市场，并及时做出战略调整。

## 3. 如何执行

确定了细分市场基础客群之后，就要通过具体的价格、房态、渠道来调整、引导细分市场进行消费。

（1）商务客群特点：对价格敏感度不高，常通过携程、携程商旅等渠道预订房间，并且提前预订的情况不多，可能会出现临时预订、预订天数不多的情况，对无线网、交通位置等信息比较看重。

如果想要获取这部分客群，民宿的老板可以将房间选择在携程网上线，并重点描述"交通位置信息""早餐信息""周边重要商务区"等。

（2）旅游类客群特点：对价格敏感度较高，常通过途家、小红书等多渠道预订房源，喜欢提前预订，预订天数较多，对房间的个性化、特殊化需求较高。

针对这类人群，可以设置提前预订优惠、重点推广民宿平台及自媒体平台，重点描述房间的个性化信息及特殊化信息，可设置连住优惠。

（3）学生群特点：对价格敏感度高，常用美团渠道预订房源，对房间的个性化追求程度一般，对网络需求度较高，学校周边情侣入住较多。

针对这类客群，可以重点投放在美团等渠道，价格不宜过高，可以参加当日特卖等活动。

总之，在民宿收益管理中，必须重视市场细分工作，在确保细分市场边际清晰的同时，还要注意其与销售渠道之间的相关关系，使市场细分、差别定价和销售渠道有效结合起来，从而使民宿经营中细分市场的收益最大化。

Chapter 08

民宿店长投诉应对技能

从全球顶尖的酒店,到民宿和农家乐,或许都面临一个共同的烦恼——客户投诉。

▷ 处理客诉

举一个例子:某天夜晚,当你在前台处理订单时,一个客户气势汹汹地走过来投诉,说他洗澡洗了一半,没有热水了,让他在大冷天不得不用冷水冲澡,他非常生气,还说了些难听的脏话,甚至唾沫星子都喷到你脸上了,此时的你该如何处理呢?

投诉的产生,可能是民宿自身的问题,也可能是客户的要求不同,但作为民宿店长,都应该以职业的态度积极处理,避免因线下投诉而产生线上差评,影响民宿的生意。

凡是客户对服务或品质等问题的反映(包括电话、书面、当面口述等方式),都属于投诉。总的来说,投诉是顾客对自己的期望没有得到满足的一种表现。

在服务业,有一句话叫作"顾客是上帝,顾客永远是对的"。这句话的言外之意是,千万不要和客户争吵。重要的是我们如何解决投诉,让客户满意。

(1)投诉提示我们自身存在不足。我们应该反思民宿日常管理的提升,避免产生类似投诉。

（2）客户在民宿内投诉，就给了我们解决不满情绪的机会。可怕的是客户什么都不说，事后却在平台写长篇差评。

（3）投诉处理得好，可能还能拉近和客户的距离，获得一位忠实客户呢！

# 客户投诉的心理表现

（1）针对门店质量问题，客户主要是求补充的心理。

（2）针对门店规章制度问题，客户主要是求解决问题的心理。

（3）针对服务态度问题，客户主要是求尊重的心理。

（4）针对自身情绪问题，客户主要是需要发泄的心理。

（5）针对承诺不兑现问题，客户主要是求兑现或合理的解释。

很多投诉重在"诉"，内含合理化建议，对改进民宿品质和提高服务水平大有帮助，是花钱都难买到的"金点子"。投诉之所以被视为"金"，是因为投诉可以转化为积极的压力，让民宿主重新审视品质、服务、管理等一系列问题。

客户虽然投诉了，但还会再次光顾的客户有多少呢？

投诉后，问题被迅速解决的情况，仅有 18% 的客户不会再回来；投诉后，问题得到解决的情况，有 46% 的客户不会再回来；投诉后，问题没有得到解决的情况，会有 81% 的客户不会再回来；而客户遇到问题或不满后没有投诉的情况，91% 的客户不会再回来。不难看出，如果客户都不愿意投诉，可以证明他们已经彻底失望或放弃了。

# 常见的投诉原因

（1）对设备的投诉：民宿的设施设备未能满足客户的要求，如空调、供暖、电梯等设备出现问题等。

（2）对服务态度的投诉：服务人员服务效率达不到客户要求，服务人员的态度得不到客户认可或沟通中态度恶劣。如递送物件不及时、叫醒服务疏漏等。

（3）对卫生质量的投诉：卫生清洁要求不达标，没有按照 SOP 标准执行，客户理解的卫生标准出现差异。

（4）对异常事件的投诉：和客户没有直接关系但却影响到客户的事件，如非民宿施工给客户带来的噪声等。

# 常见的投诉类型

（1）建议型投诉：多数是站在客户需求的角度希望民宿提供相应的服务而提出的建设性意见，通常是客户在理智的情况下提出的。

（2）失望型投诉：通常是由于民宿原因耽误了客户事先预约的服务项目，会引起客户失望和愤怒。

（3）批评型投诉：客户站在专业角度上指责服务人员应该怎样去做，通常客户会比较冷静，并希望结果得到改善。

（4）补偿型投诉：客户觉得自己的利益受到损害，表现出言辞较为激烈，情绪比较激动，并在是否能够得到补偿上比较重视。

一般客户的流失是这样开始的：客户先给予建议型投诉，此时的客户态度是良好的，但门店并不理睬，建议型投诉转变为失望型投诉，客户的情绪已经变得不好了，民宿依旧漠不关心，客户的心态再次"升级"，对门店进行批评型投诉，此时的客户非常生气，言语也很难听，这时门店与客户针锋相对，客户情绪激动，批评型投诉已经升级为补偿型投诉，此时的门店局势非常被动。

如果门店从一开始就非常重视客户的投诉，并且积极配合客户解决问题，最后不会过多地补偿客户，可以为门店减少投诉成本。

# 处理投诉的基本原则

（1）诚心诚意地帮助客户解决问题，理解、宽容、真诚关心客户，这是赢得谅解的"钥匙"。

（2）绝不与客户争辩，记住客户永远是对的，这是通往原谅的"班车"。

（3）处理事情及问题公平、公正、一视同仁，这是不会"翻车"的保证。

（4）不损害门店的利益，这是最终抵达的"终点"。

# 如何解决客户的问题

一般投诉的客户有以下两种类型：

## 1. 寻求尊重或发泄情绪

一般是民宿有所过失（比如服务/卫生的不足），客户感到失望或者被冒犯，希望维护自己的权益。

处理方式：要向这种类型的客户诚恳道歉，认真倾听他们的诉求，认可客户，力所能及地给一些特别照顾，一般都能达成谅解。

## 2. 要求补偿

当民宿没有达到这类客户心理预期时，他们就会产生强烈心理落差。他们可能会强调"这不是钱的问题"，但实际期待获得补偿来平衡心理落差。

处理方式：要知道客户投诉的原因是什么。如果是卫生品质、硬件故障、服务态度等比较大的过失，可以考虑减免房费、赠送打折券、赠送水果、赠送早餐等进行安抚，让客户感受到店家诚意，以及产生"虽然不愉快，但总体还是划算的"的感受，避免客户退房后到线上差评。

对于情绪比较激动的部分客户，可以请他们退掉线上的订单，民宿线下退他们房费。

# 处理投诉的方法

### 1. 认真倾听客户的抱怨

让客户把话说完，把事件经过和不满情绪发泄出来。不要随意地打断，礼貌注视客户的眼睛，认真倾听，表示理解。最后要对客户表示真诚的致谢。

### 2. 记录投诉的要点

用心记录客户的问题和诉求，表示对客户的重视。

记录中要涉及投诉的内容、时间、客户的姓名，并适时地做复述，以缓解客户的情绪。

### 3. 真诚地道歉

对客户的遭遇表示道歉（即使客户反映的不完全是事实），让客户感到民宿处理问题的诚意，避免愤怒的情绪加重。

### 4. 立即处理问题

如果明显是门店方面的过错，应马上道歉；对于较复杂问题，不应急于表态或处理；不能及时处理好的问题，要注意告诉客户将采取的措施和解决问题的时间。

切记倾听投诉的人就是当前问题的第一处理人，不能推诿到其他人，而应该立即着手处理，解决问题。

### 5. 跟踪结果

如果问题不能当场解决，要记得给客户反馈，做到有始有终。比如，客户投诉网络不好，在维修完成后，一定要再次致电客户，询问客户问题是否得到解决，让客户感觉自己受到重视。

### 6. 存档记录

对于代表性的投诉，要有整理成"客诉档案"的习惯，记录问题的原因、处理方式。民宿难免有员工变动，每个人的能力不同，让新员工翻看文档，了解民宿的处理方式，也是一种日常培训。

## 高效处理投诉的方法

请大家记住高效处理投诉的方法——CLEAR法，非常有用。

C——Control，掌控情绪，沉着冷静。

L——Listen，倾听客户诉说，了解并分析投诉产生的关键环节，做好书面记录（及时确认、处理）。

E——Establish，创建与客户共鸣的局势，站在客户的角度换位思考，不推卸责任。

A——Apologize，对客户的情况表示歉意，不管错在何方，首先要对事件的发生表示抱歉。

R——Resolve，提出应急和预见性的计划，不管错在何方，给出选择性的解决方案，而并非让客户提出要求，采取行动，及时完成，避免客户反悔。

# 高效处理投诉技巧

首先，态度一定要端正。如果处理投诉而被投诉态度有问题，这是大忌。

然后，了解客户的诉求。一个客户愿意花时间投诉，证明他还对你有所期待。在处理投诉过程中，一定要尊重客户。尊重客户是做好服务的基本要求，这种尊重不仅通过言语，还要通过心。同时，一定要及时沟通，投诉最重要的是处理时效。

最后，告诉客户你是来协助他找到解决方案的。处理投诉的目的，就是找到民宿和客户都能接受的一份方案。

## 1. 移情法

顾名思义，"移情法"就是通过语言和行为举止向客户表示遗憾、同情。这种方法是在客户感到愤怒和非常委屈的时候的一种精神安慰。

"移情法"用语举例：

我能明白你为什么觉得那样……

我能理解你现在的感受……

那一定非常难过……

遇到这样的情况，我也会很着急……

我对此感到遗憾……

## 2. 三明治法

"三明治法"指与客户沟通时如何避免说"不"的方法。可以用"两片面包"夹着沟通：第一片"面包"是"我可以做的是……"，告诉客户你会想尽一切办法来帮助他，并提供一些可选择的方案给客户；第二片"面包"是"你能做的是……"，告诉客户他已控制了一些情况的结果，并向客户提出一些可行的建议。

"三明治法"用语举例：

我们可以做……

您可以做……

## 3. 谅解法

要求受理人在处理客户的投诉时，迅速核实事实，并向客户表示歉意，安抚其情绪，尽量用客户能够接受的方式取得客户的谅解。

"谅解法"用语举例：

您说得很有道理，但是……（避免说）

我很同意你的观点，同时我们考虑到……（应该说）

## 4.3F 法

（1）客户的感受(feel)。用语举例：我理解你为什么会有这样的感受。

（2）别人的感受(felt)。用语举例：其他客户也曾经有过同样的感受。

（3）发觉(found)。用语举例：很多客户也遇到过您这样的问题，他们都选择了这种处理方式，也非常满意这个结果，您可以考虑一下。

### 5. "7+1"说服法

"7+1"说服法就是针对客户投诉的设施或服务进行分段说明,并与客户体验相结合,以取得客户认同的一种沟通技巧。

"'7+1'说服法"要点:有逻辑性地分段式说明,注重客户的体验。

### 6. 引导征询法

引导征询法是一种为了平息客户不满,主动了解客户的需求和期望,取得双方认同和接受的沟通技巧。

单方面地提出客户投诉处理方案往往会引起客户的质疑和不满。那么,可变换一种思路——主动询问客户希望采取的解决方法,有时更能被客户所接受。

"引导征询法"用语举例:

您有没有更好的处理建议呢?

你觉得另外几种方案哪一种合适呢?

### 7. 善用投诉处理工具

根据客户投诉情况运用合适的工具:

(1) 赠送早餐、下午茶、商务套餐、果盘、小礼品、VIP 接待。

(2) 延迟退房,免费加床,免费接送机。

(3) 赠送会员卡。

(4) 免费升级,房价折扣,减免房费。

# 处理投诉的注意事项

（1）永远不要急于找借口。

（2）让你的声音保持热情和友好。

（3）倾听客户的陈述，做好详细的记录。

（4）不要打断客户。

（5）记录客户的姓名及联系方式。

（6）记录客户所反映的相关产品或服务信息。

（7）对客户表示同情，但不失原则。

（8）如果是民宿方的错误，应向客户表示真诚的道歉，但不要轻易道歉。

（9）要尽快向客户兑现承诺（比如回呼、解决问题的时间、解决方案等）。

# 常见的客诉处理服务案例

### 1. 服务案例一

客户：刘女士 / 前台：小王

15日晚上 7 点，客户刘女士来到民宿。在前台办理入住时，她向前台小王表示自己睡眠质量不好，希望能安排安静的房间。小王听后热心地帮助刘女士安排 15 层的房间入住，并表示入住期间有什么问题都可以找她解决。

夜晚刘女士准备入睡时，发现虽然安排的楼层比较高，但是靠近马路一侧，汽车来往的噪声十分影响休息。于是她打电话找到前台的小王，表达了自己的不满。收到刘女士的反馈后，小王首先向她表达了歉意，由于自己服务不周导致刘女士不满意。然后立即在客房系统查询是否有空房可以调换，但当时已经很晚，其他房间都已有客预订。于是小王与刘女士协商，当晚可为刘女士提供住房折扣，赠送热牛奶和夜宵甜点，并承诺次日一定为刘女士换房。征得刘女士同意后，小王再次向刘女士致歉并送上赠品，化解了一场客诉危机。

案例总结：

这个服务案例虽然成功化解客诉，但是反映出前台服务人员小王的业务不够熟练，对房间朝向不了解。在服务过程中，小王的服务亮点具体体现在以下方面：

（1）积极的服务态度。对客服务中，服务人员主动表示愿意为客户解决问题，并在客户提出问题后积极寻找解决方案，提升了客户对民宿的满意度。

（2）临场应变的能力。当小王发现客房已满无法调换时，及时为客户提供备选方案，用民宿折扣等方式安抚客户的不满情绪，避免客诉升级。

在民宿日常管理中，应加强服务人员对民宿内常识的培训，可安排前台服务人员先到客房实习，交叉培训，以便服务人员更熟悉民宿产品，更好地销售产品。同时，民宿管理人员也应对可能影响客户的因素积极处理协调，保护民宿和客户的利益。

### 2. 服务案例二

客户：张女士 / 前台：小王

13 日晚上 9 点，在外地出差的张女士来到民宿前台，和服务人员小王说自己在网上预订了民宿的房间，要办理入住。小王请张女士稍等，查询后却发现没有张女士的预订。虽然不清楚张女士预订民宿失败的原因，但是小王还是积极为张女士解决问题。确认民宿无空房后，小王向张女士婉转地表示由于没有控制好预订而导致超额预订，请张女士谅解，并愿意帮助张女士联系周围同级别民宿，转到其他民宿入住。张女士虽然有些不满意，但是看在小王诚恳的态度上，决定就照小王的方法办。小王立即帮助张女士预订了附近民宿的房间，并亲自为张女士打车、搬送行李，成功化解了可能的客诉。

案例总结：

客户预订房间却无法入住，这是极易产生客诉的情况，但是小王用自己的真诚服务巧妙地化解了客户的不满。在这个案例中，小王的服务亮点具体体现在以下方面：

（1）负责任的服务态度。虽然客户没有成功预订房间不是小王的过失，但小王没有因此推卸责任，而是主动为客户解决问题，化解危机。

（2）沉着应变的服务技巧。在查询不到客户预订的情况下，小王先确定是否有空房可以给客户入住，在没有情况下，第一时间向客户致歉并表示愿意为客户寻找其他民宿入住。服务人员面对问题时沉着的态度会让客户产生信任感，客户自然不再生气了。服务难题既是对民宿服务人员的考验，也是打造民宿口碑的机会。即使问题出在客户一方，民宿人员也应主动承担责任，让客户感到自己受重视。

### 3. 服务案例三

客户：蒋先生／前台：小王／工程部：赵工

15日晚6点，前台值班的小王接到216房间蒋先生的电话，蒋先生向小王抱怨房间空调不制冷，自己在房间快热死了。接到客户的反馈后，小王先向客户致歉，并表示将尽快处理问题，挂掉电话后立即联系工程部的赵工前往216查看。赵工征得客户同意后进入房间，发现确实是设备老旧发生了故障，抢修了半个多小时，终于恢复了空调制冷。修理完毕后，小王立即致电蒋先生再次表达歉意，并询问蒋先生对修理结果是否满意，在得到蒋先生的肯定答复后，小王又为蒋先生送上了果盘，蒋先生对小王的周到服务表示了感谢。

案例总结：

民宿的产品和服务是一个整体，空调是客房产品的组成部分，也是对客服务的重要工具，在这个案例中，小王的服务亮点具体体现在以下方面：

（1）民宿主人的意识。面对客房中出现的问题，小王主动承担责任，联系同事为客户解决问题。

（2）补救问题的良好态度。当客户出现不满情绪时，服务态度更要端正，抢修空调后的问候和小礼物，更能挽回客户对民宿的好感。

服务人员在工作中不应存在本位主义，每项服务代表的都是民宿形象，无论是否在自己的职责范围内，能帮忙客户解决问题的都应当尽力去做。

### 4. 服务案例四

客户：李先生 / 前台：小王

17日下午3点，李先生在民宿办理完入住手续后，进入217房间发现根本没有打扫，不满的李先生来到前台向服务人员小王抱怨。

小王先向李先生表达了歉意，并在客房系统查明民宿目前暂无空房后，询问李先生是否可以在民宿的书吧稍事休息，并向李先生表明自己会尽快安排客房人员打扫干净217房间，再请李先生回去入住。

征得李先生同意后，小王带领李先生来到书吧，并为他准备了一杯酸梅汤表达歉意。10分钟后，217房间打扫干净，看完书的李先生重新回到打扫干净的客房休息。

案例总结：

前台和客房的服务脱节导致房态不准确，客户入住时看见房间未打扫而不满，好在小王用良好的服务挽回了民宿的形象。在这个案例中，小王的服务亮点具体体现在以下方面：

（1）良好的服务意识。面对错误房态，小王没有推卸责任，也没有抱怨同事疏忽，而是先想办法为客户解决客房问题。

（2）积极的服务态度。为客户提供解决方案后，小王没有让客户干等，而是推荐他去书吧看书休息，并送上饮料，这样的贴心服务有效缓解了客户的不满。

平时要加强前台与客房服务人员的联系，定时核对房态避免差错。另外，也要对民宿服务人员进行客诉处理培训，避免加重客户的不满情绪。

## 5. 服务案例五

客户：周女士 / 前台：小王

27日晚11点，正在前台值班的小王接到811房间周女士的一通电话，周女士向小王抱怨自己准备睡觉时，隔壁房间的电视机声音太响，吵得自己根本无法入睡，要求小王给自己换房。

小王听后，先为带给周女士不好的入住体验而道歉，同时在客房系统搜索空房给周女士调换。可惜当时已是深夜，民宿已经没有空房可用。于是小王询问周女士，是否可以由民宿服务人员和隔壁客户沟通，调低电视机音量，不再打扰周女士睡眠。

得到周女士的同意后，小王立即与隔壁房间的客户取得联系。在小王的劝说下，隔壁客户调低了电视机的音量。随后小王又亲自为周女士送去热牛奶和助眠眼罩，再次致歉，周到的服务得到了周女士的赞赏。

案例总结：

小王处理客诉的方式十分得体，在客户要求换房，但民宿无空房的情况下，为周女士准备了最好的解决方案。小王的服务亮点具体体现在以下方面：

（1）具有为客户分忧的担当。当周女士反映隔壁噪声太大后，小王主动代替周女士与隔壁客户联系，避免为周女士带来额外的麻烦，体现出服务人员专业的素养。

（2）周到的服务细节。帮助周女士解决噪声问题后，小王没有就此打住，为了帮助周女士入睡，又为她送去热牛奶和眼罩。即使周女士还有不满，当看到这么贴心的礼物时也消气了吧。

处理客诉是服务人员的必备能力，如何化危机为感动客户的服务，值得每个服务人员思考探索。